PSYCHODYNAMIK **Kompakt**

Herausgegeben von
Franz Resch und Inge Seiffge-Krenke

Christiane Ludwig-Körner

Eltern-Säuglings-Kleinkind-Psychotherapie

Vandenhoeck & Ruprecht

Bibliografische Information der Deutschen Nationalbibliothek

Die Deutsche Nationalbibliothek verzeichnet diese Publikation in der Deutschen Nationalbibliografie; detaillierte bibliografische Daten sind im Internet über http://dnb.d-nb.de abrufbar.

ISBN 978-3-525-40560-4

Weitere Ausgaben und Online-Angebote sind erhältlich unter: www.v-r.de

Umschlagabbildung: Paul Klee, Siesta der Sphinx, 1932/akg-images

© 2016, Vandenhoeck & Ruprecht GmbH & Co. KG,
Theaterstraße 13, D-37073 Göttingen /
Vandenhoeck & Ruprecht LLC, Bristol, CT, U.S.A.
www.v-r.de
Alle Rechte vorbehalten. Das Werk und seine Teile sind urheberrechtlich geschützt. Jede Verwertung in anderen als den gesetzlich zugelassenen Fällen bedarf der vorherigen schriftlichen Einwilligung des Verlages.
Printed in Germany.

Satz: SchwabScantechnik, Göttingen
Druck und Bindung: ⊕ Hubert & Co GmbH & Co. KG,
Robert-Bosch-Breite 6, D-37079 Göttingen

Gedruckt auf alterungsbeständigem Papier.

Inhalt

Vorwort zur Reihe 7

Vorwort zum Band 9

1 Vorbemerkungen 11

2 Historische Entwicklung und gegenwärtiger Stand 14

3 Die Bedeutung der frühen Zeit 17
  3.1 Die aktuellen Herausforderungen für Eltern 17
  3.2 Erkenntnisse aus der Stressforschung und
      Entwicklungsaufgaben nach der Geburt 18
  3.3 Frühe Störungsbilder 20
  3.4 Psychische Erkrankungen der Eltern und ihre
      Auswirkungen auf die kindliche Entwicklung 21

4 Wurzeln der psychoanalytischen Eltern-Säuglings-
  Kleinkind-Psychotherapie 24
  4.1 Einflüsse von Selma Fraiberg 24
  4.2 Einflüsse der Bindungstheorie 25
  4.3 Ein langer Weg zur Eltern-Säuglings-Kleinkind-
      Psychotherapie 26

5 Eltern-Säuglings-Kleinkind-Psychotherapie im
  Spannungsfeld der Frühen Hilfen 28

6 Weiterbildung in Eltern-Säuglings-Kleinkind-
   Psychotherapie 30

7 Methoden der Eltern-Säuglings-Kleinkind-Psychotherapie 34
   7.1 Veränderte Behandlungsbedingungen in der Eltern-
       Säuglings-Kleinkind-Psychotherapie 35
   7.2 Gemeinsamkeiten der psychoanalytischen Eltern-
       Säuglings-Kleinkind-Psychotherapien 37
   7.3 Weitere methodische Herangehensweisen in der
       analytischen Eltern-Säuglings-Kleinkind-Psychotherapie 40
   7.4 Traumatherapie 46
   7.5 Beispiel einer Kurzzeitpsychotherapie 49

8 Anwendungsfelder von Eltern-Säuglings-Kleinkind-
   Psychotherapie 55
   8.1 Eltern-Säuglings-Kleinkind-Psychotherapien in
       eigener Praxis 55
   8.2 Arbeitsfeld Kliniken für Psychiatrie, Psychotherapie
       und Psychosomatik 57

9 Wirksamkeit von Eltern-Säuglings-Kleinkind-Psychotherapie 59

10 Ausblick 61

Literatur 63

Vorwort zur Reihe

Zielsetzung von PSYCHODYNAMIK KOMPAKT ist es, alle psychotherapeutisch Interessierten, die in verschiedenen Settings mit unterschiedlichen Klientengruppen arbeiten, zu aktuellen und wichtigen Fragestellungen anzusprechen. Die Reihe soll Diskussionsgrundlagen liefern, den Forschungsstand aufarbeiten, Therapieerfahrungen vermitteln und neue Konzepte vorstellen: theoretisch fundiert, kurz, bündig und praxistauglich.

Die Psychoanalyse hat nicht nur historisch beeindruckende Modellvorstellungen für das Verständnis und die psychotherapeutische Behandlung von Patienten hervorgebracht. In den letzten Jahren sind neue Entwicklungen hinzugekommen, die klassische Konzepte erweitern, ergänzen und für den therapeutischen Alltag fruchtbar machen. Psychodynamisch denken und handeln ist mehr und mehr in verschiedensten Berufsfeldern gefordert, nicht nur in den klassischen psychotherapeutischen Angeboten. Mit einer schlanken Handreichung von 60 bis 70 Seiten je Band kann sich der Leser schnell und kompetent zu den unterschiedlichen Themen auf den Stand bringen.

Themenschwerpunkte sind unter anderem:
- *Kernbegriffe und Konzepte* wie zum Beispiel therapeutische Haltung und therapeutische Beziehung, Widerstand und Abwehr, Interventionsformen, Arbeitsbündnis, Übertragung und Gegenübertragung, Trauma, Mitgefühl und Achtsamkeit, Autonomie und Selbstbestimmung, Bindung.
- *Neuere und integrative Konzepte und Behandlungsansätze* wie zum Beispiel übertragungsfokussierte Psychotherapie, Schematherapie, Mentalisierungsbasierte Therapie, Traumatherapie, internet-

basierte Therapie, Psychotherapie und Pharmakotherapie, Verhaltenstherapie und psychodynamische Ansätze.
- *Störungsbezogene Behandlungsansätze* wie zum Beispiel Dissoziation und Traumatisierung, Persönlichkeitsstörungen, Essstörungen, Borderline-Störungen bei Männern, autistische Störungen, ADHS bei Frauen.
- *Lösungen für Problemsituationen in Behandlungen* wie zum Beispiel bei Beginn und Ende der Therapie, suizidalen Gefährdungen, Schweigen, Verweigern, Agieren, Therapieabbrüchen; Kunst als therapeutisches Medium, Symbolisierung und Kreativität, Umgang mit Grenzen.
- *Arbeitsfelder jenseits klassischer Settings* wie zum Beispiel Supervision, psychodynamische Beratung, Arbeit mit Flüchtlingen und Migranten, Psychotherapie im Alter, die Arbeit mit Angehörigen, Eltern, Gruppen, Eltern-Säuglings-Kleinkind-Psychotherapie.
- Berufsbild, Effektivität, Evaluation wie zum Beispiel zentrale Wirkprinzipien psychodynamischer Therapie, psychotherapeutische Identität, Psychotherapieforschung.

Alle Themen werden von ausgewiesenen Expertinnen und Experten bearbeitet. Die Bände enthalten Fallbeispiele und konkrete Umsetzungen für psychodynamisches Arbeiten. Ziel ist es, auch jenseits des therapeutischen Schulendenkens psychodynamische Konzepte verstehbar zu machen, deren Wirkprinzipien und Praxisfelder aufzuzeigen und damit für alle Therapeutinnen und Therapeuten eine gemeinsame Verständnisgrundlage zu schaffen, die den Dialog befördern kann.

Franz Resch und Inge Seiffge-Krenke

Vorwort zum Band

Christiane Ludwig-Körner hat ein Buch über die Eltern-Säuglings-Kleinkind-Psychotherapie vorgelegt, das in verständlicher und übersichtlicher Form den ganzen Kosmos dieser Therapieform erschließen lässt. Ausgehend von der historischen Entwicklung wird die Frage erörtert, warum das Angebot von Psychotherapie gerade in der frühen Kindheit von so enormer Bedeutung ist. Erkenntnisse der Stressforschung und zu frühen Entwicklungsaufgaben werden dabei ebenso herangezogen wie die Erkenntnisse zu frühen Störungsbildern und der Problematik von Eltern-Kind-Interaktionen bei psychischen Störungen der wichtigen Bezugspersonen. Die Entwicklung, die diese neue Therapieform in den letzten Jahren gemacht hat, ist enorm, und die Vernetzung der Ansätze auch auf internationaler Ebene belegt die große Relevanz der Intervention in den frühesten Entwicklungsphasen der Babys und Kleinkinder, die enge Verzahnung zwischen kindlicher und elterlicher Problematik. Insbesondere für die Prävention und Therapie in Hochrisikofamilien ist dieser Ansatz hervorragend geeignet.

Die Eltern-Säuglings-Kleinkind-Psychotherapie (ESKP) stellt im Spannungsfeld der Frühen Hilfen eine eigenständige Methode dar, die komplex ist und sehr verschiedene Techniken und Methoden umfasst, deren Einzelheiten und Vorgehensweisen explizit gemacht werden. Die Arbeit an Übertragungen und Repräsentanzen sowie korrigierende emotionale Erfahrungen für die Eltern stellen eine Gemeinsamkeit unterschiedlicher Arten von psychodynamisch orientierten Methoden der Eltern-Säuglings-Kleinkind-Psychotherapie dar. Auch verhaltensorientierte und traumazentrierte Vorgehensweisen werden angesprochen sowie familienorientierte Verfahren und die Arbeit mit Videorückmeldung. Dadurch entsteht ein Klima der Interdisziplinarität, das dieser innovativen Therapieform auch angemessen ist.

Franz Resch und Inge Seiffge-Krenke

1 Vorbemerkungen

Meine Beschäftigung mit der frühen Kindheit begann, als ich Ende der Siebzigerjahre als teilnehmende Beobachterin bei Geburten dabei sein konnte. Mich schockierte nicht nur, dass viele Frauen gleichzeitig in einem großen Kreißsaal, lediglich durch einen Wandschirm von den anderen kreißenden Frau getrennt, ihre Kinder mehr oder weniger allein zur Welt bringen mussten, wie eine nicht deutsch sprechende Migrantin, die wohl ihr Kind in der Hockstellung zur Welt bringen wollte und immer wieder gezwungen wurde, sich hinzulegen. Mich schockierte auch, dass Kinder damals noch sofort von der Mutter getrennt und versorgt wurden, und nur selten wurde es den Müttern erlaubt, ihren Säugling bei sich im Zimmer rund um die Uhr zu behalten. Später begann man, ambulante Geburten durchzuführen, und es war beeindruckend zu sehen, wie diese nach der Leboyer-Methode geborenen Kinder selten schreiend zur Welt kamen bzw. sich schnell beruhigten, wenn sie der Mutter (meist in Anwesenheit des Vaters oder einer anderen nahen Begleitperson) auf den Bauch gelegt wurden. Ich habe in Vorträgen auf gynäkologischen Kongressen für eine veränderte Geburtspraxis plädiert und musste erleben, wie nicht nur Chefärzte, sondern auch Hebammen sich vehement gegen eine Veränderung im Klinikalltag stellten.

Es waren die Säuglingsforschungen, die mir dann die theoretischen Erklärungen gaben für das, was ich bei den Geburten erlebt hatte. Das Studium der Werke und Begegnungen mit Daniel Stern, Josef Lichtenberg, Robert Emde, Paul und Anna Ornstein, Anni Bergmann und Mechthild Papoušek waren die Wegbereiter, um 1997 in Potsdam an der Fachhochschule eine Beratungsstelle »Vom Säugling zum Kleinkind« (gestartet mit der Kollegin Eva Hédervári-Heller) aufzubauen, die später zu einem Familienzentrum ausgebaut wurde. Forschungsprojekte mit Beratungen von Eltern mit Säuglingen und Kleinkindern folgten, und 2004 begannen wir im Rahmen unserer Beratungsstelle an der Fachhochschule Potsdam mit einer curricularen eineinhalbjährigen analytischen Eltern-Säuglings-Kleinkind-Psychotherapie-Weiterbildung, die seit 2010 zusammen mit der Berliner Psychotherapeutenkammer an der International Psychoanalytic University Berlin (IPU) angeboten wird. Sie richtet sich an bereits approbierte Erwachsenen- oder Kinder- und Jugendlichenpsychotherapeuten, die sich zusätzlich in der Behandlung von Eltern mit Säuglingen und Kleinkindern weiterbilden möchten. Da der Zugang beider Berufsgruppen möglich ist, gibt es weltweit unterschiedliche Namensgebungen: Eltern-Säuglings-Kleinkind-Psychotherapie (ESKP) oder Säuglings-Kleinkind-Eltern-Psychotherapie (SKEPT), wie es im Kapitel 5 näher erläutert wird.

Diese Therapieform ist gekennzeichnet durch die gemeinsame Arbeit mit der Mutter/dem Vater und dem Säugling/Kleinkind. Im Zentrum der Behandlung steht die Förderung der Eltern-Kind-Beziehung. Durch die Geburt und das Sich-intensiv-um-den-Säugling-kümmern-Müssen werden die elterlichen eigenen verinnerlichten frühen Erfahrungen, die dem Bewusstsein nicht zugänglich sind, wiederbelebt und können zu verzerrten Vorstellungen, Einstellungen und Handlungen führen, die die kindliche Entwicklung zum Teil schwer belasten. Die auftretenden Symptome können vielfältig sein, sich in Wochenbettdepressionen, Zwängen (z. B. Zwangsgedanken, das Kind töten zu wollen), Ängsten u. a. äußern und sich im kindlichen Verhalten als exzessives Schreien, Ein-, Durchschlafstörungen, Schwierigkeiten beim Essen (Fütter-, Gedeihstörungen), Trotzen, Selbstverletzungen u. a. ausdrücken, worauf im Kapitel 3 genauer eingegangen wird. Da in dieser frühen Zeit nicht nur Bindungsmuster aufgebaut werden und damit einhergehende Einstellungen und Erwartungen an die Welt, sondern auch grundlegende Persönlichkeitsmuster sowie Fähigkeiten zum Lernen und Denken, handelt es sich um eine hochsensible, vermutlich sogar die wichtigste Lebenszeit, in der leider die häufigsten Kindesmisshandlungen stattfinden. Inzwischen gibt es viele Initiativen, wie das Nationale Zentrum Frühe Hilfen, die sich um den Frühbereich kümmern. Die Arbeitsfelder haben sich sehr differenziert, wie ich noch zeigen werde.

2 Historische Entwicklung und gegenwärtiger Stand

Es dauerte lange, bis die Bedeutung der frühen Kindheit nicht nur innerhalb der Fachwelt, sondern auch bei aufgeklärten Bürgern ihre Anerkennung fand. Vor allem frühe entwicklungspsychologische Arbeiten mit Säuglingen und Kleinkindern führten ein eher stiefmütterliches Dasein und wurden erst in jüngerer Zeit – mit dem zunehmenden Interesse an der psychoanalytischen Säuglingsforschung – »wiederentdeckt«.

In der psychoanalytischen Bewegung gab es bereits früh Ansätze, psychoanalytische Erkenntnisse nicht nur Fachkräften, sondern auch Eltern zu vermitteln oder in der Arbeit mit kleinen Kindern umzusetzen (in Kindergärten, Kinderheimen, speziellen Beratungsstellen) (Ludwig-Körner, 1999). Bereits 1925 veröffentlichte Siegfried Bernfeld sein Buch »Psychologie des Säuglings«, in dem er die Beobachtungen an seinen Töchtern niederlegte, ein erster psychoanalytischer Versuch, die Entwicklung des Säuglings systematisch zu beschreiben. In den 1930er Jahren untersuchte der Psychoanalytiker René Spitz in seinen Hospitalismusforschungen die Auswirkungen mütterlicher Trennung auf kleine Kinder und begründete damit die psychoanalytische Säuglingsforschung, in dessen unmittelbarer Tradition Robert Emde steht sowie anerkannte Psychoanalytiker und -analytikerinnen wie zum Beispiel Serge Lebovici, Bertram Cramer, Daniel Stern, Louis Sander, Alicia Lieberman, Allen Schore, Beatrice Beebe, Inge Bretherton, Joy Osofsky, Karlen Lyons-Ruth, Edward Tronick, Peter Fonagy, Mary Target, Daniel Schechter, Arietta Slade und viele andere, die sich dieser Sichtweise seither anschlossen. Es waren vor allem Psychoanalytikerinnen, die Eltern-Säuglings-Kleinkind-Psychotherapien (ESKP) aus den Nöten des Alltags heraus anboten, wie Selma Fraiberg und ihre Nachfolgerinnen, und Anstöße für eine große weltweite Bewegung gaben.

Zu denken ist an dieser Stelle auch an die frühen Arbeiten von Horst-Eberhard Richter, der mit seinem Klassiker »Eltern, Kind, Neurose« (1962), lange bevor die Familientherapie in Deutschland bekannt und aufgebaut wurde, nicht nur auf elterliche Delegationen an ihre Kinder und Rollenübernahmen hinwies, sondern auch auf transgenerationale Transmissionen, bei denen familiäre Muster von einer Generation auf die nächste weitergegeben werden. Er holte Hans Müller-Braunschweig, Sohn von Ada Müller-Braunschweig, einer der ersten Kinderanalytikerinnen, an die neu gegründete Psychosomatische Klinik der Universität Gießen. Müller-Braunschweig habilitierte sich 1975 mit der Filmuntersuchung eines Säuglings und veröffentlichte als einer der Ersten eine Arbeit über den Einfluss der frühen Mutter-Kind-Beziehung (Müller-Braunschweig, 1975). Zu denken ist schließlich an die Arbeiten von Ernest Freud, dem ältesten Enkel von Sigmund Freud, Kinder- und Erwachsenenanalytiker, der bei seiner Tante Anna Freud an der Hampstead Clinic in London mitarbeitete und dessen Schwerpunkt auf der Pränatalpsychologie und frühen Eltern-Kind-Beziehung lag, die selbst in Fachkreisen wenig bekannt sind (Freud, 1976).

Heute wissen wir um die intrauterinen Erfahrungen im Mutterleib. Bereits während der Schwangerschaft und Geburt gibt es Hinweise auf spätere Komplikationen in der Eltern-Säuglings-Kleinkind-Beziehung, die unbehandelt zu schwerwiegenden frühkindlichen Verhaltensauffälligkeiten oder psychosomatischen Symptomen führen können (Lyons-Ruth, Bureau, Nemoda u. Sasvari-Szekely, 2011). Wir wissen, dass in dieser frühen Zeit die Grundlagen zur Fähigkeit des Lernens, Denkens, der Beziehungsfähigkeit, die Grundmuster der Persönlichkeit und die Erwartungen an die Welt gelegt werden im Sinne eines Urvertrauens oder Urmisstrauens (Erikson, 1966) oder eines sicheren/unsicheren Bindungsmusters bzw. einer Bindungsstörung. Zahlreiche Fehlentwicklungen des späteren Kindes-, Jugend-

und Erwachsenenalters lassen sich auf eine nicht gut gelungene frühe Eltern-Kind-Beziehung zurückführen.

Von der Säuglingsforschung gehen vielfältige Impulse aus, die sich nicht nur auf ein besseres Verstehen kindlicher Entwicklung beziehen, sondern auch Auswirkungen im methodischen Handeln haben, sei es bei Eltern-Säuglings-Kleinkind-Psychotherapien (ESKP) oder in der psychoanalytischen Arbeit mit Erwachsenen (Ludwig-Körner, 2008). Es gingen von der Säuglingsforschung auch Anstöße aus, objektivierende Methoden zu integrieren, wie das Heranziehen von Videos (Video-Analysen), die mittlerweile bei fast allen in der Psychotherapie mit Eltern, Säuglingen oder Kleinkindern arbeitenden Psychoanalytikerinnen angewandt werden und auch ihren Platz in der Ausbildung zum Psychoanalytiker haben.

3 Die Bedeutung der frühen Zeit

Bereits während der Schwangerschaft, aber vor allem nach der Geburt stehen Eltern vor großen Herausforderungen, die entsprechend den jeweiligen kulturellen und gesellschaftlichen Bedingungen unterschiedliche Anforderungen an sie stellen.

3.1 Die aktuellen Herausforderungen für Eltern

Der Übergang zur Elternschaft und die ersten Lebensjahre des Kindes sind eine sehr sensible und krisenanfällige Phase für Familien (Raphael-Leff, 2015; Seiffge-Krenke u. Schneider, 2012). Schon Erik Erikson (1966) betrachtete den Übergang zur Elternschaft als »normative Krise«, in der das Paar den psychischen Entwicklungsschritt von einer dualen in eine trianguläre Position bewältigen muss und die mit einer Änderung der eigenen Identität einhergeht. Bereits mit dem Bekanntwerden der Schwangerschaft verändert sich die Partnerschaft.

Gerade heute, wo die Ein-Kind-Familie überwiegt, stellen Schwangerschaft und Elternwerden oft einmalige Ereignisse dar, an die sich große Erwartungen heften mit der Gefahr einer späteren massiven Entidealisierung. Hinzu kommen die veränderten Lebensbedingungen für junge Familien, die aufgrund einer höheren beruflichen Mobilität häufig in größerer räumlicher Entfernung von ihren Herkunftsfamilien leben. Viele Paare, die, oft nach langen Irrwegen, den Weg in eine ESKP gefunden haben, klagen über fehlende Unterstützung durch ein verwandtschaftliches oder freundschaftliches Netz.

Noch in den 1980er Jahren sollten Schwangere nicht psychotherapeutisch behandelt werden, da man befürchtete, die Patientin und ihr Ungeborenes würden dadurch labilisiert. Heute zeigen vielfältige Erfahrungen, wie wichtig bereits eine Psychotherapie mit Schwangeren ist (Lieberman u. Van Horn, 2015; Raphael-Leff, 1980, 1997, 2000). Glaubte man noch bis in die 1970er Jahre, dass die Plazenta ein natürlicher Schutzwall gegenüber negativen mütterlichen Gefühlen und Stressoren sei, so weiß man nun um die enge Verzahnung von mütterlichem Erleben und Auswirkungen auf das Ungeborene. Das alte »Anlage-Umwelt-Thema« (»nature« versus »nurture«) wird heute neu diskutiert und bewegt sich in Richtung auf Environmental Genetics, also die Ausformung der Gene durch sozial-psychophysiologische Bedingungen.

3.2 Erkenntnisse aus der Stressforschung und Entwicklungsaufgaben nach der Geburt

Die diffizile Verzahnung von Psyche und Soma betrifft schon die pränatale Zeit; bereits in der frühen fötalen Zeit beginnt sich das Stresssystem zu entwickeln (Roth u. Strüber, 2014). Ist eine Schwangere übermäßig gestresst (z. B. durch Gewalterfahrung, Ängste, Enttäuschung oder Verlust einer Partnerschaft, eines nahen Familienangehörigen, ihrer Heimat), so kann es zu Veränderungen der Durchblutung der Gebärmutter und stärkerer Kontraktionstätigkeit durch vegetative Übererregung kommen. Die mütterlichen Hormone, die stark von Stress beeinflusst werden, regulieren die Genexpression im fetalen Gehirn. Chronischer, starker mütterlicher Stress während der Schwangerschaft führt zu einem Anstieg der Cortisolkonzentration im Blutplasma bei Mutter und Fötus. Ein hoher Corticotropin Releasing Factor (CRF) bzw. Corticotropin Releasing Hormone (CRH) während der Schwangerschaft beeinflusst nicht nur negativ die Gehirnentwicklung, sondern auch die postnatale Fähigkeit, auf Stressanforderungen angemessen zu reagieren, wobei das Vorhandensein des kurzen Allels des Serotonin-Transporter-Promoter-Polymorphismus (5-HTTLPR) eine wichtige Rolle spielt (Lyons-Ruth et al., 2011). So bringen diese bereits labilisierten Mütter ein Kind zur Welt, das ihnen in der Säuglingszeit besonders viel Stress bereiten wird (Chu u. Lieberman, 2010).

Daniel Stern (1998) beschrieb in seinem Buch »Die Mutterschaftskonstellation«, wie jede Frau nach der Geburt eine innerpsychische Neuorganisation vollziehen und vier zentrale Themen bewältigen muss: 1) Sie muss das Thema »Leben und Wachstum« bewältigen; ob sie in der Lage ist, ihr Kind am Leben zu erhalten, und es gedeihen kann. 2) Beim Thema der »primären Bezogenheit« geht es darum, ob sie eine gute Beziehung zu ihrem Kind aufbauen, seine Bedürfnisse adäquat erkennen und mit ihm kommunizieren kann. 3) Das Thema der »unterstützenden Matrix« beinhaltet, ob sie sich die nötige unterstützende Hilfe holen bzw. sie zulassen kann und in einen guten familiären/freundschaftlichen Kontext eingebunden ist. 4) Mit dem Thema der »Reorganisation der eigenen Identität« ist nach Stern (2006, S. 220) die innerpsychische Veränderung gemeint, um sich in den neuen Rollen zurechtzufinden: die Wandlung von der Tochter- zur Mutterrolle, aus der Zweierpartnerschaft in die Elternschaft, von der beruflich Tätigen ins Hausfrauendasein.

Wie eine Mutter diese Themen bewältigt, hängt vor allem von ihren eigenen verinnerlichten Erfahrungen mit ihrer Mutter bzw. den Pflegepersonen ab, die durch die Schwangerschaft und Geburt wiederbelebt werden. In dieser Zeit des Umbruchs suchen junge Eltern, vor allem aber die Frauen, nach mütterlichen Vorbildern, um die Verunsicherungen bewältigen zu können. Dies kann im Sinne einer modellhaften Übernahme der erlebten eigenen Eltern sein oder im Sinne einer »Deidentifikation als Antimodell« (Cierpka, 2012, S. 118). Sie sind bereit zu Mutter-, Ersatzmutter- oder Großmutter-Übertragungen. Nicht nur die Beziehungen zu Mutter und Vater (dyadisch und triadisch) werden verinnerlicht, sondern das gesamte Beziehungsnetz der Familie. Diese verinnerlichten Muster, die in den wenigsten Fällen dem Paar, wenn sie Eltern werden, bewusst sind, stoßen nun aufeinander und müssen in ein eigenes »Familienmodell«, eine eigene Identität, integriert werden.

Alle Eltern möchten gute Eltern sein und befinden sich in einer Phase großer Veränderungsbereitschaft. Auf diesem Hintergrund spielen Frühe Hilfen – zu denen im weiten Sinne auch Eltern-Säuglings-Kleinkind-Psychotherapien (ESKP) zählen – eine wichtige Rolle.

3.3 Frühe Störungsbilder

Die meisten Eltern kommen in einer akuten Überforderungssituation mit ihrem Kind in die ESKP. Sie haben oft bereits bei anderen Stellen vergeblich nach Hilfe gesucht bzw. wurden von Pädiatern, Erzieherinnen, Mitarbeiterinnen der Jugendhilfe, des Gesundheitswesens, Psychiaterinnen oder Familienrichtern überwiesen. Sie wünschen sich eine sofortige Entlastung, da sie fast immer akut entkräftet sind.

Die häufigsten Gründe sind langwierige Ein- und Durchschlafstörungen des Kindes; ist dies noch verbunden mit einem exzessiven Schreien, so liegen »die Nerven blank« und eine Dekompensation des Familiensystems ist die Folge. Rasche und möglichst unkomplizierte Hilfe ist wichtig, da sich Probleme in der frühen Eltern-Kind-Beziehung schnell verfestigen. Überforderte Eltern geraten leicht in Situationen, in denen ihnen »die Hand ausrutscht« oder sie die Persönlichkeits- und Lernentwicklung ihres Kindes nicht angemessen unterstützen können. ESKP ist somit auch eine (gewalt-)präventive Arbeit, die Entwicklungsbeeinträchtigungen sowie Schütteltraumen und Misshandlungen vorbeugt, indem sie Eltern Handlungs- und Lösungsmöglichkeiten aufzeigt, bevor Hilflosigkeit und Gewalt ins Spiel kommen. Je jünger die Kinder sind, desto verletzlicher sind sie, so dass die Gefahr einer Kindesmisshandlung für Säuglinge am allergrößten ist. Mehr als ein Viertel aller misshandelten Kinder war jünger als ein Jahr und ist somit prozentual die höchste Misshandlungsrate überhaupt (Child Maltreat, 2014; Thyen u. Tegtmeyer, 1991; Tsokos u. Guddat, 2015).

Eltern kommen mit ihren Säuglingen und Kleinkindern aber auch in Psychotherapie wegen Ess-, Fütter- und Gedeihstörungen oder wegen Schwierigkeiten in der Beziehungsaufnahme. Sie befürchten etwa, ihr Kind wende sich von ihnen ab, oder es kann sie in Trennungssituationen (z. B. Eingewöhnung in den Kindergarten) nicht loslassen, beißt andere Kinder, trotzt intensiv, zeigt Auffälligkeiten wie Krampfen, Sich-selbst-Verletzen, Entwicklungsverzögerungen oder Ähnliches.

3.4 Psychische Erkrankungen der Eltern und ihre Auswirkungen auf die kindliche Entwicklung

Papoušek und von Hofacker (1998) stellten fest, dass 62 % der Mütter mit einem exzessiv schreienden Kind unter Ängsten, Depressionen und Stress litten, im Vergleich zu 37 % einer Kontrollgruppe. Hettema, Neale und Kendler (2001) sowie Schneider (2004) erforschten, dass Kinder von Eltern mit Angststörungen ein siebenfach höheres Risiko tragen, später auch Angststörungen zu entwickeln. Zeigten Mütter während der Schwangerschaft Ängste, so wiesen ihre Kinder eher Symptome einer Hyperaktivität auf und zeigten in der späten Kindheit eine erhöhte Ängstlichkeit, wie Van den Bergh und Marcoen (2004) in einer prospektiven Längsschnittstudie nachwiesen.

Bekannt sind auch die Zusammenhänge zwischen mütterlichen emotionalen Belastungen und erhöhtem Risiko von Schwangerschafts-, Geburtskomplikationen und Frühgeburten. Sind Schwangerschaft und Mutterschaft mit zu hohen Idealvorstellungen verbunden, so können nach der Geburt heftige Desillusionierungen eintreten, die sich in Depressionen äußern, sei es infolge eines komplizierteren Geburtsverlaufs, Nicht-stillen-Könnens, einer ungenügenden Bemutterung, Zerrissenheit zwischen Mutterschaft und Beruf oder eines sehr irritierbaren Neugeborenen. So lassen sich auch die Daten von Reck (2012) verstehen, wonach in Deutschland hochgebildete Frauen ab dreißig Jahren besonders gefährdet sind, eine postpartale Depression zu bekommen.

Aber um ein Vielfaches gefährdeter sind Eltern, die aus psychosozial belasteten Elternhäusern stammen (transgenerationale Transmission), oft alleinerziehend bzw. zusätzlich unter hohem sozioökonomischem und existenziellem Druck stehend. Ihre depressive Symptomatik führt häufig bis in ihre Kindheit zurück, sodass sie manchmal nicht einmal bewusst unter Depressionen leiden, weil sie sich nur »verhangen«, lethargisch oder missmutig kennen und dies als zu sich gehörig erleben. Es sind junge Mädchen, Frauen oder Männer, die meistens nicht gut lernen können, keine »Spannkraft« haben, um einen Schulabschluss oder eine Ausbildung zu Ende zu bringen, und unbewusst mit einer Schwangerschaft einen Lebenssinn erhoffen oder der Illusion verfallen, das Kind könne ihnen das geben, was sie sich für sich selbst als Kind vergebens erhofft hatten (Cowan u. Cowan, 2000; Fraiberg, Adelson u. Shapiro, 1975).

Inzwischen gibt es sehr viele Forschungen zu Schwangerschafts- und Wochenbettdepressionen und ihren auch langfristigen Auswirkungen auf die kindliche Entwicklung (Murray et al., 2011). Wochenbettdepressionen, die überwiegend innerhalb der ersten drei bis fünf Wochen nach der Geburt auftreten und in der Regel mehrere Wochen andauern, klingen bei der Hälfte der Erkrankten nach ein bis drei Monaten wieder ab, bei einem Viertel jedoch erst nach drei bis sechs Monaten, bei einem weiteren Viertel noch später. Auch bei den schneller gesundeten Müttern fanden sich bei 40 % nach zwölf Monaten noch depressive Symptome. Kinder depressiver Mütter und Väter tragen ein hohes Risiko für soziale, emotionale und kognitive Probleme (Ramchandani, Evans, Heron, Murray u. Stein, 2008; Kvalevaag et al., 2014).

Wir wissen, dass mütterliche Gewalterfahrungen Auswirkungen auf die Mutter-Kind-Beziehung haben, sei es durch depressive Zustände der Mutter, ihre Ängste, ihre posttraumatischen Störungen, die die Beziehung zwischen Mutter und Kind im Sinne einer Passung oder Reziprozität unterbrechen (Lieberman, Diaz u. Van Horn, 2011).

Wachsen Kinder in Familien auf, in denen ihre Bedürfnisse vernachlässigt werden, werden sie Zeugen von Gewalt oder werden sie selbst misshandelt, so schlägt sich diese Erfahrung auch in ihrer Gehirnentwicklung nieder (Loman u. Gunnar, 2010).

Schechter (2012; Schechter u. Rusconi, 2011; Schechter u. Willheim, 2009) untersuchte, inwieweit Mütter mit posttraumatischen Störungen infolge von früheren Gewalterfahrungen im Alltag mit ihren Kindern überfordert sind, sodass sie inadäquat handeln. Es fällt diesen Müttern sehr schwer, ihren Kindern feinfühlig und verlässlich zur Verfügung zu stehen, und die Gefahr einer intergenerationalen Transmission ist hoch.

4 Wurzeln der psychoanalytischen Eltern-Säuglings-Kleinkind-Psychotherapie

Zwar sind Anna Freud und Dorothy Burlingham nicht die unmittelbaren Begründerinnen der Eltern-Säuglings-Psychotherapie, aber es waren ihre Erfahrungen aus der Anfang der 1950er Jahre aufgebauten »Well Baby Clinic« in Hampstead, London, auf die sich später Psychoanalytikerinnen bezogen. Die Beratungsstelle war mit dem Ziel gegründet worden, Müttern Anregungen und Hilfen im Umgang mit ihren Kindern zu geben, sie in medizinischen, psychologischen und erzieherischen Fragen zu beraten und sie bei Ess- oder Schlafproblemen der Säuglinge, beim Abstillen und bei der Sauberkeitserziehung zu unterstützen (Ludwig-Körner, 2000). Man kann sie durchaus als »Urzelle« späterer Eltern-Säuglings-Kleinkind-Beratungsstellen ansehen. Erfahrungen aus ihrer Arbeit wurden vor allem in den USA umgesetzt. So bauten etwa Erna Furman und Anny Katan (1969), die beide in London bei Anna Freud zu Kindertherapeutinnen ausgebildet worden waren, in Cleveland (»Hanna Perkins Center for Child Development«) eine therapeutische Arbeit in Kindergärten auf (Ludwig-Körner, 2014).

4.1 Einflüsse von Selma Fraiberg

Selma Fraiberg (1980), die heute als Pionierin der ESKP angesehen wird, führte von 1972 bis 1979 an der University of Michigan in Ann Arbor in ihrem »Child Development Project« Forschungen zur »psychischen Gesundheit des Kindes« durch, verknüpft mit öffentlichen Beratungsangeboten für Eltern mit Säuglingen oder Kleinkindern.

Fraiberg schildert in ihren bewegenden Fallbeispielen, wie sie mit ihrem Team anfangs unorthodox arbeitete. Bereits zu Beginn wurden »Notfall-Therapien« bei den Klientinnen und Klienten zu Hause, sogenannte »Therapien in der Küche«, durchgeführt. Aus ihren Erfahrungen entwickelte sie nach und nach in zahlreichen einflussreichen Publikationen eine Theorie und Methodik der Eltern-Säuglings-Kleinkind-Psychotherapie. Sie spricht von den »Schatten der Vergangenheit in den Kinderzimmern« (Fraiberg et al., 1975): Durch die Geburt des Kindes werden alte Muster wiederbelebt; häufig sind es mütterliche Depressionen, die als postnatale Depression bei ihren Töchtern wieder auftauchen. Aber es kann auch die Wiederbelebung von Trauer sein infolge eines frühen eigenen Verlustes der Hauptbetreuungsperson oder anderer Kernkonflikte. Die von Fraiberg konzipierte Therapie wurde von ihr und ihren Nachfolgerinnen ab 1979 im Infant-Parent-Program am Department of Psychiatry an der General Hospital University of California, San Francisco, weiter ausgebaut (Fraiberg, 1980; Lieberman u. Pawl, 1993).

4.2 Einflüsse der Bindungstheorie

Obwohl Eltern-Säuglings-Kleinkind-Psychotherapien nun schon seit Jahrzehnten erfolgreich praktiziert werden und sie in einer langen psychoanalytischen Tradition stehen, war es ein dornenreicher Weg, denn Neuerungen werden in der Psychoanalyse selten willkommen geheißen. So blieb Anna Freud viele Jahre die Anerkennung ihrer Leistung als Leiterin des eigenen kinderpsychoanalytischen Ausbildungsinstituts durch die International Psychoanalytic Association versagt. Auf der anderen Seite war sie es aber auch, die sich Bowlbys bindungstheoretischen Ansichten verschloss, obgleich sie mit Bowlby hinsichtlich der Bedeutung der frühen Mutter-Kind-Beziehung für die kindliche Entwicklung übereinstimmte und es sogar eine personelle Brücke zu ihm durch das Ehepaar Joyce und James Robertson gab. Diese hatten in den »Hampstead War Nurseries«, einer Einrichtung für Kinder während des Zweiten Weltkriegs, die Psychoanalyse kennengelernt und arbeiteten später in Bowlbys Forschungsprojekten mit (Ludwig-Körner, 2000).

Bowlby hatte bereits 1940 vor den negativen Folgen längerer Mutter-Kind-Trennungen gewarnt. Systematische Untersuchungen hierzu führte er im Rahmen des Forschungsauftrags der Weltgesundheitsorganisation zur seelischen Gesundheit heimatloser Kinder durch. Seine Monografie »Maternal Care and Mental Health« (1951) wurde zwar weltweit beachtet, von vielen Psychoanalytikern aber ignoriert – zu wenig schien die Bindungstheorie mit der psychoanalytischen Triebtheorie kompatibel zu sein. Diese Orthodoxie führte dazu, dass Anna Freud den Begriff »Attachment Behavior« wie ein Unwort behandelte, das fortan in Anführungszeichen gesetzt wurde, sodass es zu einer faktischen Ausklammerung der Forschungen Bowlbys aus den »heiligen Hallen« der Psychoanalyse kam (Buchheim u. Kächele, 2002, S. 946). Auch wenn es eine historische Linie von der Eltern-Säuglings-Kleinkind-Psychotherapie zu Anna Freud gibt, darf nicht übersehen werden, wie beinahe feindselig sie sich gegen untypische psychotherapeutische Zugänge verhielt, etwa gegenüber Modifizierungen der Psychoanalyse in Erziehungsberatungsstellen, wie sie Kate Friedländer entwickelte, oder gegenüber der Art, wie Winnicott mit Kleinkindern arbeitete. Eine ESKP ohne Einbezug bindungstheoretischer Erkenntnisse ist heute – unabhängig von der theoretischen Ausrichtung – ebenso undenkbar wie eine ausschließliche Behandlung des Säuglings ohne Einbeziehung der Eltern.

4.3 Ein langer Weg zur Eltern-Säuglings-Kleinkind-Psychotherapie

Als am 17.12.1970 in Deutschland die Kinderpsychoanalyse »kassenfähig« wurde (s. Lockot: www.dgpt.de/die-gesellschaft/geschichte-der-dgpt/psychoanalyse-1918–1975/), bezog man sich verständlicherweise auf die damals vorherrschenden psychoanalytischen Theorien. Entsprechend der Konflikttheorie konnten nur größere Kinder behandelt werden, die bereits über ein Ich und Über-Ich verfügten, sodass Kinderanalysen in der Regel frühestens mit drei Jahren begannen. Zwar wurden die Eltern als Begleitpersonen einbezogen, aber der Fokus lag auf dem Kind und nicht auf einer direkten, unmittelbaren Förderung der Eltern-Kind-Interaktion. Es war die Zeit der »Ein-Personen-Psychoanalyse«, die auf die Kinderanalyse übertragen wurde, obwohl Winnicott vermutlich bereits 1940 seinen berühmten Satz äußerte: »›There is no such thing as an infant‹, meaning, of course, that whenever one finds an infant one finds maternal care, and without maternal care there would be no infant. (Discussion at a Scientific Meeting of the British Psycho-Analytical Society, circa 1940)« (Winnicott, 1960, S. 587).

Viele Psychoanalytiker wehrten sich gegen eine Ausweitung der Psychoanalyse auf die Behandlung der gesamten Familie – sieht man von einigen Kollegen ab, wie Cierpka, Stierlin, Richter, Bauriedl oder Massing. Bis heute wird eine Behandlung der gesamten Familie nicht als Kassenleistung übernommen, obwohl die Familientherapie inzwischen vom wissenschaftlichen Beirat als ein wissenschaftlich begründetes Verfahren anerkannt wurde.

Psychoanalytiker und -analytikerinnen, die einen relationalen Ansatz vertreten, plädieren für Elterntherapien anstelle des tradierten kindertherapeutischen Settings (z. B. Jacobs, 2006). Inzwischen arbeiten aber auch Kolleginnen auf dem Hintergrund der Objektbeziehungstheorie (z. B. Kolleginnen im Anna Freud Centre, London) mit Mutter/Vater und Säugling oder Kleinkind zusammen und benutzen auch Videos in ihrer Arbeit.

5 Eltern-Säuglings-Kleinkind-Psychotherapie im Spannungsfeld der Frühen Hilfen

Im Folgenden wird ein kurzer Abriss der Entstehung Früher Hilfen gegeben, um die Einbettung der ESKP in die Frühe-Hilfen-Landschaft besser verstehen zu können (Ludwig-Körner, 2014).

1977 wurde in den USA »Zero to Three« von bekannten Säuglingsforschern, Psychoanalytikern, Experten aus dem Gesundheits- und Mental-Health-Bereich gegründet, wie u. a. T. Berry Brazelton, Selma Fraiberg, Peter Neubauer, Stanley I. Greenspan, Albert J. Solnit, Robert Emde, Jeree Pawl, Alicia Lieberman, Arnold Sameroff, Charles Zeanah, Jack Shonkoff, Joy Osofsky oder Andrew Meltzoff, mit dem Ziel, sich in vielfältigster Weise für die Belange der frühen Kindheit einzusetzen. Viele von ihnen sind auch Mitglied in der World Association of Infant Mental Health (WAIMH), die 1992 aus den Vorgängervereinigungen World Association for Infant Psychiatry (WAIP gegründet 1980) und ab 1983 aus der World Association for Infant Psychiatry and Allied Disciplines (WAIPAD) hervorging (Emde, 2016).

Auf Initiative von Mechthild Papoušek, die zusammen mit ihrem Mann Hanus Papoušek zu den ersten in Deutschland zählte, die systematisch Säuglingsforschung betrieben, wurde 1996 die German Speaking Association for Infant Mental Health (GAIMH bzw. Gesellschaft für Seelische Gesundheit in der Frühen Kindheit e. V.), eine Tochtergesellschaft der World Association for Infant Mental Health (WAIMH), gegründet. Viele Eltern-Säuglings-Kleinkind-Psychoanalytikerinnen sind Mitglied der WAIMH, GAIMH oder der »Liga für das Kind in Familie und Gesellschaft«, die 1977 entstand als »Initiative gegen frühkindliche Deprivation« (http://liga-kind.de/).

Die Ziele der GAIMH entsprechen in vielem denen des Nationalen Zentrums Frühe Hilfen (NZFH), was nicht verwundert, da viele GAIHM-Mitglieder ihre Erfahrungen und Ideen in den Aufbau des NZFH hineingetragen haben: Im Rahmen des Aktionsprogramms »Frühe Hilfen für Eltern und Kinder und Soziale Frühwarnsysteme« wurde 2007 das Nationale Zentrum Frühe Hilfen (NZFH) vom Bundesministerium für Familie, Senioren, Frauen und Jugend geschaffen mit dem Ziel, durch einen Auf- und Ausbau von Unterstützungssystemen der Jugendhilfe und des Gesundheitswesens Kinder besser vor Vernachlässigung und Misshandlung durch Prävention zu schützen. Träger des Nationalen Zentrums Frühe Hilfen sind die Bundeszentrale für gesundheitliche Aufklärung (BZgA, Köln) und das Deutsche Jugendinstitut (DJI, München). Im Rahmen des NZFH wurden flächendeckend verschiedene Frühe-Hilfen-Systeme implementiert. Dazu gehörten u. a. auch die Erprobung der bereits in den USA von Erickson und Egeland (2004) aufgebauten und evaluierten STEEP™-Methode (Ludwig-Körner, Derksen u. Schöberl, 2011; Suess et al., 2016) in Deutschland und Frühe-Hilfen-Projekte wie die Entwicklungspsychologische Beratung (EPB) (Ziegenhain, Wijnroks, Derksen u. Dreisörner, 1999) oder das von Manfred Cierpka aufgebaute Projekt »Keiner fällt durchs Netz« (KfdN), das in verschiedenen Bundesländern installiert wurde.

In vielen Bundesländern wurde auch das in den USA von dem Psychoanalytiker David Olds et al. (1997) an der University of Colorado aufgebaute evidenzbasierte »Nurse-Family Partnership« (NFP) in unterschiedlichen Varianten als Familienhebammenprojekt erprobt. Es handelt sich in der Regel um Hebammen oder neuerdings auch um Familien-Gesundheits- und Kinderkrankenpflegerinnen, die in Familien eingesetzt werden, wenn sich Probleme rund um die Geburt andeuten. Durch das neue am 1.1.2012 in Kraft getretene Bundeskinderschutzgesetz wird ihnen eine bedeutende Rolle in der sekundären Prävention zugewiesen. Ihre Arbeit reicht oft in Problembereiche hinein, die besser in einer ESKP aufgehoben wären. Es ist sehr fraglich, ob die vom Nationalen Zentrum Frühe Hilfen vorgesehene Mindestanforderung von 240 Stunden Weiterbildung dafür ausreicht.

6 Weiterbildung in Eltern-Säuglings-Kleinkind-Psychotherapie

Warum braucht es eine spezielle Fortbildung in ESKP? Können nicht alle Kinder- und Jugendlichen- oder Erwachsenenpsychotherapeutinnen oder sogar Nichtfachkräfte Eltern-Säuglings-Kleinkind-Beratungen oder -Therapien durchführen? Der Zugang zu einer ESKP ist sowohl vonseiten der Erwachsenen- als auch der Kinder- und Jugendlichenpsychotherapeuten möglich. Die analytische grundständige Ausbildung ist jedoch bereits so umfangreich, dass eine Spezialweiterbildung zur Eltern-Säuglings-Kleinkind-Psychotherapeutin darin keinen Platz mehr fände. Verantwortungsvoll arbeitende Kolleginnen werden sich hüten, ohne eine Zusatzweiterbildung Eltern mit Säuglingen oder Kleinkindern zu behandeln.

Der Aufbau der frühen Eltern-Kind-Beziehung ist ein sehr sensibler Bereich. So werden nicht nur umfangreiche Kenntnisse der Entwicklung und ihrer Störungen hinsichtlich der Eltern, ihrer Ängste, Depressionen, Zwänge, Persönlichkeitsstörungen, Traumata, Gewalterfahrungen usw. benötigt, sondern ebenso umfassendes Wissen über die frühkindlichen Entwicklungsbedingungen und ihre Störanfälligkeiten sowie Psychodiagnostik. Hinzu kommt eine Vielfalt von methodischen Herangehensweisen, um Eltern und ihren Kleinkindern helfen zu können.

Im Vergleich mit anderen psychotherapeutischen Schulen waren es vor allem Psychoanalytikerinnen, die früh ESKP anwandten, erprobten und ausbauten. Eine Ausnahme stellte in Deutschland Mechthild Papoušek dar, die zusammen mit ihrem Mann Hanus Papoušek, aufbauend auf ihre vielfältigen Forschungserfahrungen mit Säuglingen, Anfang der 1990er Jahre die »Münchner Schreibaby-Sprechstunde«

aufbaute und ein Curriculum für Eltern-Säuglings-Kleinkind-Beratungen/-Psychotherapie entwickelte. Im Mittelpunkt steht die Kommunikation der alltäglichen Eltern-Kind-Interaktion, das Zusammenspiel der elterlichen und der selbstregulatorischen Kompetenzen des Kindes (Papoušek, Schieche u. Wurmser, 2004).

Aufbauend auf ihren Erfahrungen, aber auch auf denen von Alicia Lieberman, Jeree Pawl und Nachfolgerinnen, Daniel Stern und Stella Aquarone wurde Anfang der 2000er Jahre in Deutschland mit einer curricularen analytisch orientierten ESKP-Weiterbildung begonnen: in der ärztlichen Akademie für Psychotherapie von Kindern und Jugendlichen e. V. (in Benediktbeuern und Brixen) und in der 1997 aufgebauten Beratungsstelle »Vom Säugling zum Kleinkind« (Familienzentrum Potsdam) an der Fachhochschule Potsdam, wo wir 2000 mit einer Weiterbildungsreihe in »Eltern-Säuglings-Kleinkind-Beratung« starteten. Seit 2004 wird regelmäßig eine curriculare Weiterbildung ESKP für bereits approbierte Psychotherapeutinnen angeboten, ab 2008 in Kooperation mit der Berliner Psychotherapeutenkammer und seit 2011 an der Internationalen Psychoanalytischen Universität (IPU) Berlin.

Wir haben uns damals für die Bezeichnung »Eltern-Säuglings-Kleinkind-Psychotherapie« (ESKP) entschieden, da es in der Regel die elterlichen psychosozialen Bedingungen sind, die eine spezielle Therapiemethode erfordern. Die Weiterbildung wird jeweils für eine feste Gruppe (zwölf bis zwanzig Teilnehmende) angeboten und umfasst 13 Wochenenden, die sich über eineinhalb Jahre erstrecken. Neben einem intensiven Literaturstudium verpflichten sich die Teilnehmenden zu regelmäßiger Supervision bei dafür ausgewiesenen Eltern-Säuglings-Kleinkind-Supervisorinnen. Um ein Zertifikat zu erhalten, müssen die angehenden Eltern-Säuglings-Kleinkind-Psychotherapeutinnen fünf dokumentierte Behandlungen unter Supervision nachweisen und in einer Abschlussprüfung eine ausführlichere Behandlung darlegen.

Weltweit findet man unterschiedliche Bezeichnungen, wie Parent-Infant-Psychotherapy (PIP) bzw. Parent-Child-Psychotherapy (PCP),

Säuglings-Kleinkind-Eltern-Psychotherapie (SKEPT) bzw. Child-Parent-Psychotherapy (CCP). Erste Recherchen über internationale Weiterbildungsbedingungen in ESKP und SKEPT zeigen einerseits eine große Variabilität, andererseits aber auch große Ähnlichkeiten zu der von uns entwickelten Weiterbildung (z. B. am Anna Freud Centre in London). Inzwischen finden auch aufbauende Weiterbildungen zur analytischen ESKP bzw. SKEPT in anderen Städten in Deutschland und Österreich statt. Inhaltlich unterscheiden sich diese Weiterbildungen kaum, wohl aber darin, ob eine Säuglingsbeobachtung (IO) oder videoanalytisches Arbeiten verlangt wird.

Bei der Infant Observation (IO), die von Ether Bick Anfang der 1950er Jahre an der Tavistock-Klinik in London entwickelt wurde, werden im ersten Jahr wöchentlich Babys einstündig beobachtet. Die Teilnehmenden werden angehalten, die »wertneutralen« Beobachtungen des Kindes möglichst unauffällig durchzuführen, so wenig als möglich zu stören. Als wir unsere Weiterbildung konzipierten, haben wir uns nach heftigen Kontroversen entschieden, die IO nicht als verpflichtenden Teil in die Weiterbildung aufzunehmen. Wir konnten uns nicht vorstellen, dass eine IO keinen störenden Einfluss auf die Kinder haben sollte.

Alle Ausbildungskandidaten, die an einer psychoanalytischen Weiterbildung in Kinder- und Jugendlichenpsychotherapie (entsprechend den Richtlinien der VAKJP) teilnehmen, müssen die IO inzwischen durchführen. Zwar werden sie angehalten, nur Familien auszuwählen, bei denen zu erwarten ist, dass es sich um eine gute Eltern-Säuglings-Beziehung handelt. Gleichzeitig kann man aus verschiedenen Veröffentlichungen zur IO jedoch entnehmen, dass dies leider nicht immer der Fall ist. In der inzwischen zahlreichen Literatur zur Babybeobachtung wird viel über positive Aspekte dieses Verfahrens geschrieben; umso erstaunlicher ist es, dass eine Forschung dazu fehlt, welche Auswirkungen diese »teilnehmende Beobachtung«, die sich über eine so lange Zeit erstreckt, auf das Baby bzw. Kleinkind haben kann. Was bedeutet es, wenn so viele Psychoanalytikerinnen ihre Empfehlungen zur Säuglingsbeobachtung vor allem damit begründen, dass die Ausbildungskandidatinnen durch diese Methode sehr viel für ihre spätere Arbeit gewinnen, gleichzeitig aber kaum darüber nachdenken, welcher »Ghost in the Nurseries« bei den beobachteten Kindern entstehen könnte? Systematische Untersuchungen, wann die Methode der Babybeobachtung an ihre Grenzen gerät, etwa bei einer nicht hinreichend guten Eltern-Kind-Beziehung, fehlen (Ludwig-Körner, 2015).

7 Methoden der Eltern-Säuglings-Kleinkind-Psychotherapie

ESK-Psychotherapien finden in Zwischenbereichen statt. Nicht nur, dass sie sowohl von Erwachsenen- als auch von Kinder- und Jugendlichenpsychotherapeuten durchgeführt werden können und mehr als einen Patienten gleichzeitig betreffen, sondern die Übergänge von Psychotherapie zu Krisenintervention, Beratung und Psychoedukation sind fließend. Unsere langjährigen Erfahrungen zeigen, dass es den erfahrenen Blick einer Fachkraft benötigt, um schnell einschätzen zu können, ob »lediglich« eine kurze Beratung angezeigt ist, eine akute Krisensituation vorliegt oder eine langfristige Psychotherapie benötigt wird und wann auch psychoedukative Interventionen hilfreich sind.

Üblicherweise finden ESKP-Behandlungen mit Müttern/Vätern und ihren Säuglingen oder Kleinkindern einzeln statt. Spezialisierungen in analytischer ESK-Gruppenpsychotherapie sind in Deutschland bisher seltener anzutreffen, auch weil hierfür eine zusätzliche gruppentherapeutische Qualifizierung benötigt wird. Die Effektivität der Gruppe hängt u. a. auch von einer gelungenen Gruppenzusammenstellung ab, denn nicht jede Mutter bzw. Mutter-Kind-Symptomatik eignet sich für eine Gruppentherapie (Pedrina, 2005; Pedrina u. Hauser, 2013; James, 2011).

7.1 Veränderte Behandlungsbedingungen in der Eltern-Säuglings-Kleinkind-Psychotherapie

Eltern-Säuglings-Psychotherapien unterscheiden sich in vielfältiger Weise von einem üblichen psychoanalytischen Setting. Da es sich, wie Cramer und Palacio-Espasa 1993 bereits schrieben, vorrangig um eine Beziehungsstörung zwischen Mutter/Vater und Säugling oder Kleinkind handelt, steht diese im Vordergrund der Behandlung. Im Idealfall ist die Eltern-Säuglings-Kleinkind-Psychotherapeutin sowohl eine Erwachsenen- als auch Kindertherapeutin (wie es in den frühen Zeiten der Psychoanalyse üblich war), da sie, wenn es sich als nötig erweisen sollte, die Mutter oder den Vater weiterbehandeln könnte, wenn die Symptome des Kindes sich im Laufe der ESKP-Behandlung verbessert haben, die Mutter aber einer weiteren Behandlung zum Beispiel aufgrund einer Angststörung oder Depressionen bedarf.

Die Eltern-Säuglings-Therapeutin arbeitet somit *bifokal oder multifokal,* also zugleich mit dem Kind und seinen Eltern, oft mit wechselnden Personen, wenn etwa sporadisch auch ein Geschwisterkind oder Großeltern mit einbezogen werden – eine Grundbedingung in der Familientherapie. Im Unterschied zur üblichen Familientherapie liegt in der Eltern-Säuglings-Psychotherapie aber der Schwerpunkt auf dem Baby, mit dem Ziel, ihm so schnell wie möglich zu helfen, ihm schnell einen möglichst guten Start ins Leben zu ermöglichen, und zwar durch eine Arbeit mit den Eltern. Dabei versuchen wir insbesondere, affektive Zustände des Säuglings in uns selbst zu erfassen und im Sinne eines »Containing« zu verarbeiten. Aber auch diese Arbeit verfolgt wiederum sehr konkrete Ziele: Der Säugling soll in der Entwicklung spezifischer Ich-Funktionen (z. B. der Fähigkeit, sich zu beruhigen) unterstützt werden.

Auch wenn die Väter in die Behandlung einbezogen werden sollten, sind es in der Regel die Mütter, mit denen dann die ESKP durchgeführt wird. Die Gründe sind vielfältig, liegen an der väterlichen Berufstätigkeit, an den zeitlichen Kapazitäten der Kindertherapeuten, die froh sind, die freien Vormittagsstunden mit ESKP »füllen« zu können, aber auch an dem »Maternal Gate Keeping«-Syndrom, bei dem Mütter unbewusst die Väter heraushalten möchten (Cierpka, 2012) oder sie in der Psychotherapeutin eine Verbündete gegenüber dem Kindsvater suchen, was gehäuft bei Sorgestreitigkeiten der Fall ist.

ESKP variieren auch, indem das ESKP-Standardverfahren, bei dem üblicherweise Mutter/Vater und Kind gleichzeitig behandelt werden, aufgelockert wird und Mütter/Väter zeitweise allein, ohne das Kind, gesehen werden. Dies kann aus verschiedenen Gründen sinnvoll sein, wenn etwa die Paarkonflikte zu heftig sind oder dem Kind zeitweilig Schutz vor dem elterlichen Hass geboten werden muss oder sich die Eltern-Kind-Beziehung gebessert hat, sodass daran nicht mehr vorrangig gearbeitet werden muss, sondern eine direkte Arbeit mit der Mutter/dem Vater sinnvoll ist. Dies ist jedoch nur möglich, wenn es sich um eine Erwachsenentherapeutin handelt. Umgekehrt kann es von Vorteil sein, wenn eine Kindertherapeutin die Behandlung bei einem Kleinkind übernimmt, die anschließend in einer Kindertherapie im »Standardverfahren« weitergeführt wird. Manchmal erweist es sich auch als notwendig, dass die Mutter oder der Vater eine Einzeltherapie erhält und eine ESKP-Kindertherapeutin parallel eine ESKP durchführt.

Es sind noch viele Forschungen vonnöten, um herauszufinden, bei welchen Eltern dies geht, da zu erwarten ist, dass sogenannte frühgestörte Erwachsene nicht über die dafür nötige Triangulierungsfähigkeit verfügen. Ihnen fällt es oft auch schwer, die Zeit, die die Therapeutin zur Verfügung stellt, mit dem Baby zu teilen (Lieberman u. Van Horn, 2015, S. 240 ff.).

Obwohl das analytische Setting (entsprechend den kassenärztlichen Rahmenbedingungen) bisher eine »Kommstruktur« vorschreibt, müssen Eltern-Säuglings-Psychotherapeuten offen sein für Hausbesuche (z. B. bei schweren Wochenbettdepressionen, schweren Angstzuständen, Mehrlingsgeburten). Wie Lieberman und Van Horn (2015, S. 249 ff.) in ihrem Beispiel der Behandlung einer psychisch schwer gestörten Mutter beschreiben, kann es darüber hinaus notwendig sein, in Rufbereitschaft mit der Mutter zu stehen, sie sogar täglich anzurufen bzw. zusätzliche Hilfen zu implementieren. Seligman (1994) beschreibt, wie unterschiedlich ESKP angewendet wird, wenn es sich um Hochrisiko-Familien handelt. In ihrem Programm am San Francisco Hospital, University of California, besuchen Eltern-Säuglings-Kleinkind-Therapeutinnen die Familien wöchentlich zu Hause, wobei die Sitzungen zwischen 60 und 90 Minuten dauern. Es gehört zum therapeutischen Prozess, herauszuarbeiten, wo die Behandlung dann stattfinden kann, wobei mehrere Familienmitglieder in die Therapie einbezogen werden können, bei Kindeswohlgefährdung auch das Jugendamt bzw. die Pflegefamilien oder andere Betreuer. Wie Fraiberg (1980) betont auch Seligman (1994) die Herausforderung, die eine therapeutische Arbeit vor Ort (Hausbesuche) darstellt, sei es das Aufrechterhalten eines Settings, Arbeitsbündnisses, die Auswertung von multiplen Übertragungen oder das Aushalten der Frustrationen, wenn Eltern wieder einmal – trotz Abmachung – nicht zu Hause sind oder nicht zur Behandlung erscheinen.

7.2 Gemeinsamkeiten der psychoanalytischen Eltern-Säuglings-Kleinkind-Psychotherapien

Obwohl Psychoanalytikerinnen, die ESKP oder SKEPT durchführen, sich in der Präferenz ihrer theoretischen Zugehörigkeit unterscheiden – ob sie sich etwa eher einer kleinianischen Richtung zugehörig fühlen oder in der Tradition von Anna Freud stehen oder eher einen selbstpsychologischen, relationalen oder intersubjektivistischen Ansatz vertreten –, gibt es viele Gemeinsamkeiten in der Behandlung.

Es ist die Psychotherapeutin, die einen haltenden Rahmen gibt, im Sinne eines »Holding« nach Winnicott oder eines »Containing« nach Bion, ohne jedoch Mutter, Vater noch das Kind real anzufassen. Eltern-Säuglings-Kleinkind-Psychotherapeutinnen versuchen zwar – im Gegensatz zu anderen Richtungen –, ein Modell für die Eltern zu sein im Sinne der Verinnerlichung einer korrigierenden emotionalen Erfahrung, aber sie hüten sich, zum Beispiel ein schreiendes

Baby selbst zu trösten und zu beruhigen. Es wäre für die Eltern viel zu beschämend, wenn sie wieder einmal erleben müssten, dass sie das nicht selbst können.

Eine psychoanalytische Arbeit beinhaltet eine *Übertragungsarbeit*. In der heutigen Sicht wird die therapeutische Beziehung gemeinsam mit dem Patienten entwickelt, wobei die Intersubjektivisten von einer »Ko-Konstruktion« sprechen (Körner, 2016). Die Annahme, dass der Patient überträgt und der Therapeut »lediglich« seine Gegenübertragung auszuwerten habe, wird nur noch von wenigen Psychoanalytikern vertreten – es war die alte paternale Haltung (Cremerius, 1979). Nach Björn Salomonsson gibt es nicht nur die Übertragung von Mutter und Vater auf den Therapeuten, sondern er diskutiert, inwieweit auch bereits ein Säugling eine Übertragung zum Therapeuten oder zur Therapeutin aufbauen kann (2014, S. 147 ff.).

Stephen Seligman (1994) unterscheidet zudem noch *institutionelle und bürokratische Übertragungen,* die Patienten entwickeln können, wenn sie viele Erfahrungen mit Institutionen hatten, seien es Kliniken (z. B. Psychiatrien) oder Einrichtungen der Jugendhilfe. Es handelt sich um Projektionen von psychodynamischen Vorgängen, die entweder in der Kindheit durch die Erfahrungen der Eltern mit Institutionen verinnerlicht wurden oder die die Betroffenen in jüngerer Zeit mit Bürokratien gesammelt haben. Erfahrungen mit sozialen Organisationen können auf andere Hilfesysteme oder auch auf Individuen übertragen werden, sodass zum Beispiel Mütter eine ESKP, die ihnen vom Jugendamt empfohlen wurde, vehement ablehnen, obwohl sie die Therapeutin gar nicht kennengelernt haben. Es ist zu befürchten, dass viele der aktuellen negativen Erfahrungen von Flüchtlingen mit Behörden derartige spätere Übertragungen bewirken können.

Wie in der psychoanalytischen Arbeit üblich, werten Eltern-Säuglings-Kleinkind-Psychotherapeutinnen den Ersteindruck (auch den am Telefon) aus, enthält er doch oft den szenischen Entwurf des Themas. Entsprechend einem holistischen Phänomen ist die »Gestalt«, das heißt die Thematik, verdichtet erkennbar; im Mikrokosmos ist sozusagen der Makrokosmos enthalten. Hinzu kommt eine Auswertung der angebotenen Übertragungsmuster, eine Analyse der Inszenierung eines spezifischen Interaktionsmusters der Objektbeziehungen sowie das Wahrnehmen und Auswerten der eigenen Gefühle, Gedanken und Impulse – die Gegenübertragungsanalyse. Menschen gestalten ihre Beziehungen nach dem Muster ihrer verinnerlichten Erfahrungen mit anderen (Internal Working Models nach John Bowlby). Sie inszenieren also einen inneren teilweise unbewussten Dialog in der äußeren Welt. Diese Szenen lassen sich erleben, verstehen und diagnostisch auswerten.

Eine weitere Gemeinsamkeit der analytischen Eltern-Säuglings-Kleinkind-Psychotherapien ist eine *Arbeit an den Repräsentanzen*, den verinnerlichten Erfahrungen. Eltern soll es ermöglicht werden, ihre Erlebnisse aus ihrer Kindheit, die sich in einem inneren Arbeitsmodell (Bowlby), in Erwartungen an andere Menschen und sich selbst niedergeschlagen haben (Skripte oder Schemata, Bindungsmuster), mit den aktuellen Beziehungsschwierigkeiten mit ihrem Kind zu verknüpfen. Nach Lieberman und Pawl (1993, S. 430) gilt es, »die inneren Selbstrepräsentationen der Eltern oder ihre Repräsentationen des Kindes zu verändern«. Ziel ist es, »Säuglinge von den Verzerrungen und verschobenen Affekten zu befreien, durch die sie in den mütterlichen Konflikt verstrickt werden«, schreibt Fraiberg (1980, S. 70).

Der Schwerpunkt der analytischen ESKP liegt nach Lieberman, Silverman und Pawl (2000) auf der einen Seite darin, zu verstehen, wie die aktuellen und früheren Erfahrungen der Eltern ihre Wahrnehmung, ihre Gefühle und ihr Verhalten gegenüber dem Kind formen. Auf der anderen Seite liegt der Fokus auch auf korrigierenden emotionalen Erfahrungen in der therapeutischen Beziehung. Solche Erfahrungen vermögen auf die rigiden und desorganisierten innerpsychischen Repräsentationen positiv einzuwirken. Dieses von Franz Alexander und French (1946) entwickelte Konzept eines »*korrigierenden emotionalen Erlebens*«, das lange in der klassischen Psychotherapie abgelehnt wurde, gehört inzwischen zu den Grundstandards einer analytischen ESKP. So schreiben Baradon et al. (2011, S. 51, 54): »Die Therapeutin ist bemüht, eine fördernde Umwelt für die therapeutische Arbeit zu schaffen«, »Die Therapeutin wirkt daraufhin, dass sich alle Beteiligten im Raum engagiert auf den therapeutischen Prozess einlassen« sowie »Die Therapie bietet allen Teilnehmern der Behandlung die Erfahrung eines neuen Objekts«.

Die *Arbeit mit dem Widerstand* des Patienten gehört ebenfalls zum analytischen Repertoire der ESKP, bei der jedoch darauf geachtet wird, die Abwehr nicht zu sehr zu labilisieren, da besonders in der frühen Mutterschaft die Ich-Funktionen stabilisiert werden sollten. Baradon et al. (2011, S. 54) beschreiben dies als ein »ausgewogenes Verhältnis zwischen Containing und Herausforderung«.

7.3 Weitere methodische Herangehensweisen in der analytischen Eltern-Säuglings-Kleinkind-Psychotherapie

Unterschiede bei den psychoanalytischen Eltern-Säuglings-Kleinkind-Psychotherapien oder SKEPT gibt es dahingehend, ob Therapeutinnen glauben, dass eine Weiterbildung in Infant Observation ausreichend ist, um ESKP durchzuführen – wie es beispielsweise in südamerikanischen Ländern üblich zu sein scheint –, oder ob es für sie selbstverständlich ist, ESKP oder SKEPT nur durchzuführen, wenn sie darin zusätzlich geschult sind. Von daher findet man weltweit sehr unterschiedliche methodische Herangehensweisen in der konkreten Arbeit.

Stern (1998, S. 158 ff.) führt unterschiedliche »Ports of Entry« auf, wie therapeutisch eingestiegen werden kann: das Verhalten des Säuglings als Ansatzpunkt oder die Mutter-Kind-Interaktion, die Repräsentationen des Therapeuten, die (mutmaßlichen) Repräsentationen des Säuglings, das beobachtbare Verhalten der Mutter oder den systemtheoretischen Ansatz, das gesamte Netzwerk der Familieninteraktionen als Ansatzpunkt zu nehmen.

Die Art des Arbeitens hängt jedoch nicht nur von der theoretischen Zugehörigkeit des Psychotherapeuten ab, sondern wird im hohem Maße vom *Strukturniveau bzw. psychischen Entwicklungs-*

stand des Patienten bestimmt. Es geht um ein »Einstimmen auf die Bedürfnisse des Patienten« – je nach strukturellen Voraussetzungen, psychischem Zustand, Symptomstärke der Regulationsstörungen und Rahmenbedingungen (Hédervári-Heller, 2011, S. 133). Lieberman und Van Horn (2015) unterscheiden zwischen leichten, mittleren und schweren Störungen der Eltern-Kind-Beziehung, die das methodische Handeln mitbestimmen.

Die Arbeit orientiert sich also am psychischen Zustand der Eltern, ob es sich im Sinne der OPD um einen Konfliktfokus oder einen Strukturfokus handelt, ob deutend-aufdeckend gearbeitet werden kann oder stützend-strukturierend (Körner, 2016). So kann eine übertragungsfokussierte Arbeit mit Deutungen als zentralem Bestandteil bei Eltern stattfinden, die ein hohes oder mittleres Strukturniveau haben, über eine gute Mentalisierungsfähigkeit verfügen und denen es daher leichter fällt, die kindlichen Symptome im Zusammenhang mit ihren persönlichen Problemen zu sehen. Darauf hatte Stern (1998) schon hingewiesen, als er verdeutlichte, dass die »Genfer Schule« um Cramer eher Mütter mit ihren Säuglingen behandelte, deren Probleme vorrangig auf einem »neurotischen Niveau« lagen, während die San-Francisco-Gruppe (Nachfolger von Fraiberg) mit schwerer gestörten Eltern arbeitete. Unter schwierigen Lebensbedingungen, wenn Menschen in der frühen Kindheit keine Bezugspersonen hatten, die sich adäquat in ihre Bedürfnisse hineinversetzen und entsprechend handeln konnten, entwickeln sich Persönlichkeiten mit einem »geringen Strukturniveau«.

Bei einem geringen Strukturniveau wie bei schweren Borderline-Persönlichkeitsstörungen kann nicht von einer Konfliktdynamik ausgegangen werden, da meist der Aufbau der Ich-Funktionen gestört ist. Die Fähigkeit zum Nachdenken über sich selbst und andere ist eingeschränkt, und es fällt diesen Menschen schwer, zu verstehen, dass ihr Erleben sich vom Erleben anderer erheblich unterscheiden kann. Hinzu kommen oft verminderte Fremd- und Selbstregulationsfähigkeiten (Cierpka, 2012). Einige verstehen die Symptomatik ihres Kindes etwa als einen gegen sie gerichteten feindseligen Angriff und sind unfähig, sich in den Säugling oder das Kleinkind einzufühlen.

Sie lassen sich zudem vom kindlichen Affekt anstecken, können die kindlichen Affekte nicht »markieren« und dem Kind nicht helfen, einen affektiv weniger belasteten Zustand zu erreichen.

Ziel der Arbeit ist dann eine Förderung der Mentalisierungsfähigkeit, wie Fonagy, Gergely, Jurist und Target (2002) es beschreiben. Im STEEP™-Programm, das von Erickson und Egeland (2004) für hochbelastete Familien in Minnesota entwickelt wurde, liegt nicht von ungefähr ein Schwerpunkt in der *Videoarbeit*. Wissend um die geringen Mentalisierungsfähigkeiten dieser Mütter, bei denen anstelle eines inneren Erlebens vorrangig oder sogar ausschließlich die äußere Welt existiert, haben Erickson und Egeland (2004, S. 99 ff.) den Ausdruck *»Seeing is believing«* geschaffen: Nur das ist relevant, was ich sehe.

In allen Fällen ist die *Verminderung der Symptomatik* das erste Ziel in der ESKP. Und dabei gehen wir ganz unterschiedliche Wege: Wir sprechen die konkreten Interaktionen an und verwenden zum Beispiel Videoaufnahmen, um eine Fütter-Interaktion oder das elterliche Spiel mit dem Kind analysieren zu können. Dann zeigen wir der Mutter bzw. den Eltern solche Videoszenen, in denen ihr oder ihnen ein »Matching« gelang, und verstärken so die gelungenen Interaktionen – eine klassische verhaltenstherapeutische Methode *(Shaping)*. Mit Videos arbeiten analytische ESK-Psychotherapeuten aber auch, wenn Eltern ein höheres Strukturniveau haben und ein konfliktbezogener Handlungsfokus möglich ist. Mütter und Väter mit einem geringen Selbstwert können zum Beispiel sehr davon profitieren, wenn die Psychotherapeutin ihnen gelungene Interaktionen mit ihrem Baby oder Kleinkind auf dem Video zeigt *(Verstärken)*.

Mit oder ohne Videomaterial kann die Therapeutin die Eltern anregen, über bestimmte eigene Verhaltensweisen oder Ansichten zu reflektieren *(Reflecting back)*, indem sie ihnen ihre Beobachtungen zur Verfügung stellt und mit ihnen gemeinsam darüber nachdenkt. Sie sensibilisiert sie dadurch für ihr Verhalten oder ihre psychische Befindlichkeit. Diese Technik kann sie auch in Bezug auf das Baby einsetzen, um seine Gefühle und Verhaltensweisen zu verdeutlichen und zu stützen. Sie würde dann auf das offensichtliche Verhalten des Kindes fokussieren.

Stern (2000) bringt dazu ein Beispiel der Interaktion einer Mutter mit ihrem Frühgeborenen: Das Baby ist leicht überstimuliert, hyperaktiv, desorganisiert und steht unter Stress. Verständlicherweise findet die Mutter ihr Neugeborenes extrem schwierig zu handhaben, und die regulären Pflegehandlungen belasten sie stark. Gleichzeitig hält sie sich selbst für eine ungenügende Mutter. Zunehmend befürchtet sie, unsensibel, schlecht oder gar schädigend für das Baby zu sein. Ein Teufelskreis könnte beginnen. Hier kann es hilfreich sein, wenn der klinische Blick auf das Verhalten des Säuglings gerichtet wird. So kann der Therapeut beispielsweise zeigen, wie dieses Baby eine normale Stimulation nicht erträgt und dass es hilfreich ist, wenn nur ein einziger sensorischer Kanal zu einer Zeit aktiviert wird und nicht alle gleichzeitig, also entweder Reden oder Schaukeln oder Berühren, aber nicht alles zusammen. Der Fokus läge dann auf den interaktiven Kapazitäten des Babys und seinen Grenzen, und die Mutter würde lernen, wie sie ihm am besten Hilfe geben kann. Die mütterlichen Vorstellungen über ihr Baby und sie selbst als Mutter wären dabei nur indirekt Gegenstand der Therapie. Aber indem sie lernt, das Verhalten ihres Kindes neu zu sehen, kann sie gleichzeitig beginnen, ihre Selbst-Repräsentanzen zu verändern.

Eine weitere Technik, die meines Erachtens aus der familientherapeutischen Arbeit von Virginia Satir entlehnt wurde, ist das »*Reframing*«. Hier werden elterliche und kindliche Motive in einen positiven sprachlichen Kontext gestellt und für den jeweiligen anderen übersetzt, sodass sie von beiden verstanden werden können. Ist die therapeutische Beziehung bereits gefestigt, so kann es auch hilfreich sein, dem »Baby eine Stimme zu verleihen« (»*Speaking for the Baby*« nach Carter, Osofsky u. Hann, 1991), also anstelle des Babys zu sprechen, um den Eltern zu ermöglichen, sich in ihr Kind hineinzuversetzen – eine zum Beispiel im Psychodrama angewandte Technik des »Hilfs-Ich«.

Es kann hilfreich sein, auch psychoedukative Mittel einzusetzen oder, wie Stephen Seligman (1994, S. 488) es nennt, eine »*Nondidactic*

Developmental Guidance«. Als hilfreich hat sich nach unserer Erfahrung auch die in der »*Watch, Wait, Wonder*«-*Methode* (Cohen et al., 1999) dargelegte abwartende Haltung der Eltern im Sinne einer »Child-led Pedagogy« erwiesen. Eltern wird nahegelegt, täglich zum Beispiel eine Viertelstunde mit ihrem Kind zu spielen. Sie werden angeregt, abzuwarten, welches Spielangebot ihnen ihr Kind macht, um darauf sensitiv einzusteigen. Eine Haltung, die auch in der »Baby-Lese-Stunde« praktiziert wird, bei der Eltern sensibilisiert werden, die Signale ihres Säuglings oder Kleinkindes wahrzunehmen (Barth, 2008; Derksen u. Lomann, 2009).

Wir geben sogar Ratschläge oder intervenieren direkt. So erinnere ich mich an ein Kleinkind (18 Monate), das im Therapieraum alle möglichen Gegenstände übereinander türmte, auf einen Stuhl kletterte und sich dabei in Gefahr brachte; ich musste es auffangen, weil die Mutter diesbezüglich keinerlei Anstalten machte (vgl. Ludwig-Körner, 2003).

Wir werden in viel höherem Maße, als wir es aus der Arbeit mit Erwachsenen kennen, in das unmittelbare Geschehen involviert. Wie Stern in seinem Buch »Die Mutterschaftskonstellation« (1998) schreibt, müssen wir mit Müttern bzw. Schwangeren anders arbeiten, indem wir ihrem »biologischen Drängen« nach konkreterer Unterstützung nachgeben und dies nicht als ein Agieren deuten oder beobachtend daneben stehen bleiben und lediglich unsere Gegenübertragung auswerten. Dieses »Enactment« geht sehr viel weiter, als es in der Erwachsenenanalyse heute üblich ist; Lebovici (1990, S. 143) nennt es »Enaction«. Er glaubt, der Familie dann besonders helfen zu können, wenn es – wie er es nennt – zu »sacred« Momenten kommt, in denen es seine Empathie ihm selbst und der Familie ermöglicht, eine neue Situation zu kreieren, ganz ähnlich dem »Co-Thinking«, das Daniel Widlöcher (1986) beschrieben hat. Diese gemeinsame Kreation entsteht nach Lebovici aus einem geteilten Gefühl heraus. Empathie ist nur hilfreich, wenn der Psychotherapeut die Identifikation mit einer Person aufgibt und in der Lage ist, sich mit allen im Therapieraum anwesenden Personen bzw. denjenigen, die für das Kind von Bedeutung sind, zu identifizieren. Wie bei einem Dirigenten ist es seine Aufgabe, jedem Instrument (Anwesenden) Raum zu geben, um sich ausdrücken zu können (vgl. Ludwig-Körner, 2013).

Nicht nur in ihrer annehmenden und reflektierenden Haltung ist die Psychotherapeutin ein Modell *(Modelling-Funktion)* für die Anwesenden, indem sie die Gefühle, Bedürfnisse, Verhaltensweisen von allen erfasst, ihnen eine Bedeutung gibt, sie je nach Situation pointiert, moduliert, gegebenenfalls entschärft, sondern auch darin, dass sie ermöglicht, dass bisher Unausgesprochenes oder noch nicht Wahrgenommenes ins Bewusstsein kommen darf. Die *Spiegelung affektiver Zustände* spielt in der ESKP eine bedeutende Rolle, sei es, um dem Baby zu helfen, eigene Gefühlszustände wahrzunehmen, indem es durch *Affektmarkierung* den »übertrieben« widergespiegelten Affekt als seinen eigenen erkennt, sei es, um den Eltern »nebenbei« ein diesbezügliches Modell zu sein. »Zum Teil gehört das Spiegeln zur allgemeinen therapeutischen Haltung, weil die Therapeutin die emotionale Verfassung des Patienten hält und versteht und er durch die Erfahrung, dass er sich selbst ›im Auge/in der Psyche des Betrachters sieht‹ [...], zu einem Verständnis seines eigenen mentalen Zustands gelangt« (Baradon et al., 2011 S. 93). Es ist die *mentalisierende Haltung* der Therapeutin, durch die nicht nur das Baby oder Kleinkind, sondern auch die Eltern einen sie unterstützenden Rahmen erhalten (*»Scaffolding«*) und wodurch Verhaltensweisen und Gefühle aus einer Desorganisiertheit und Willkürlichkeit in ein Verständnis und eine Ordnung geführt werden (Baradon et al., 2011, S. 59).

Was nun ist, andersherum gefragt, psychoanalytisch an dieser zielbewussten, interaktionell ausgerichteten, unmittelbar stützenden und entwicklungsfördernden Arbeit? Verfehlen wir nicht die in der Psychoanalyse zentrale Arbeit an unbewussten Phantasien, an den Repräsentanzen, die Arbeit »in« der Übertragung? Wohl kaum, denn auch der Säugling inszeniert einen Beziehungsentwurf mit seiner Mutter bzw. seinen Eltern und mit uns. Auch wenn er dabei (noch) nicht auf symbolisch repräsentierte Beziehungsphantasien zurückgreift, zeigt er uns doch seine »Internal Working Models«, in denen er seine

Beziehungserfahrungen aufgehoben hat. Hier begegnen wir den Eindrücken, die der Säugling von den ersten Beziehungspersonen seines Lebens gewonnen hat, darin erscheinen auch die Phantasien der Mutter und des Vaters über sich selbst und ihr Kind.

7.4 Traumatherapie

Viele dieser Mütter haben traumatische Erfahrungen, in deren Folge sie sich oft selbst schwer beruhigen können, in Zustände von Übererregung verfallen, mit Muskelverspannungen und somatischen Symptomen oder Gefühllosigkeit reagieren, mit »tauben« Zuständen, bei denen sie gar nichts mehr spüren und wahrnehmen können (Dissoziationen), sich wie ein Stein fühlen, Zustände, aus denen sie sich selbst oft schwer wieder befreien können. Hier hilft die Therapeutin ihnen, diese Symptome bewusster wahrzunehmen und sie in einen Zusammenhang mit den traumatischen Erfahrungen zu stellen, sodass ihnen diese Zustände zukünftig weniger Angst bereiten müssen und sie die negativen Körpersensationen als weniger bedrohlich erleben.

Eine Schulung in der Achtsamkeit gegenüber eigenen Körpererfahrungen kann dann auch genutzt werden, um die Mütter und Väter für unterschiedliche körperliche Zustände ihres Babys zu sensibilisieren. So kann ihnen vermittelt werden, wie die Babys durch ihr elterliches Erleben zum Teil affiziert werden und wie wichtig es ist, zu lernen, sich selbst zu beruhigen. Während die Mutter mit dem Baby spricht oder mit ihm interagiert, verdeutlicht die Therapeutin die elterlichen Affekte, wie sie sich in Bewegungen und Körperhaltung manifestieren, und lässt, wenn angebracht, die körperlichen Zustände von der Mutter selbst auch beschreiben. Das Herausarbeiten der mütterlichen affektiven und körperlichen Zustände in bestimmten Momenten kann eine Möglichkeit sein, ihr zu verdeutlichen, wie gegenwärtige Themen bestimmte Körpersensationen hervorrufen und wie diese in Verbindung stehen mit Erinnerungen an Erfahrungen aus der Kindheit oder auch aus der jüngeren Vergangenheit. Indem die Therapeutin, wenn diese alten Bilder, Gefühle und Körpersensationen auftauchen, der Mutter hilft, sich klarzumachen, dass sie sich jetzt in einer sicheren Umgebung befindet und dass eine Erinnerung des Traumas nicht bedeutet, es im Detail wieder durchleben zu müssen, sondern lediglich noch gewisse Körper- und Gefühlszustände auftauchen, kann die Mutter lernen, mit Unterstützung von verschiedenen Entspannungstechniken, besser damit umzugehen.

Lieberman und Van Horn (2015), die viel mit traumatisierten Müttern (durch häusliche Gewalterfahrungen) und ihren Säuglingen und Kleinkindern arbeiten, praktizieren bei getrennt lebenden Eltern manchmal ein *Co-Parenting-ESKP-Modell.* Dabei arbeitet dieselbe Psychotherapeutin jede Woche abwechselnd getrennt mit Mutter und Kind bzw. Vater und Kind. »Diese Regelung sorgt dafür, dass der Therapeut im festen Bündnis mit dem Kind bleibt, das alle Sitzungen miteinander verbindet.« Natürlich müssen die Eltern zugestimmt haben und sie müssen auch auf den Anspruch verzichten, »dass das in den Sitzungen an die Oberfläche kommende Material gegenüber dem jeweils anderen vertraulich behandelt wird. Dies ist ein wichtiger Teil ihrer Übereinkunft, weil der Therapeut imstande sein muss, auf der Basis seines klinischen Urteils Informationen weiterzugeben, die dem Wohl des Kindes dienen und mehr Verständnis und Kommunikation zwischen den Eltern schaffen« (S. 263).

Lieberman und Van Horn (2005) haben ein Kind-Eltern-Psychotherapie-Manual herausgegeben, »Don't Hit My Mommy!«, für die Arbeit mit Kindern, die Zeugen von häuslicher Gewalt wurden.

Daniel Schechter (Universität Genf) baute aus seinen langjährigen Erfahrungen mit psychisch schwer gestörten Müttern und ihren Kleinkindern ein eigenes Behandlungsverfahren auf, um die elterlichen Repräsentanzen zu verändern. Er entwickelte ein Videofeedback-gestütztes therapeutisches Verfahren, die *Clinician-Assisted Videofeedback Exposure Sessions (CAVES),* bei dem der Therapeut zusammen mit den Eltern Spielsituationen mit ihrem Kind anschaut (Schechter et al., 2014). Der Schwerpunkt liegt auf der Analyse von

Stresssituationen, wie sie bei Trennungen oder in Konflikten auftreten, da dann die Gefahr einer Wiederbelebung früherer traumatischer Erfahrungen besonders hoch ist. In der Psychotherapie wird den Eltern geholfen, zwischen ihrem früheren Erleben und der gegenwärtigen Interaktion mit ihrem Kind zu unterscheiden. Der Psychotherapeut fördert die Mentalisierungsfähigkeit der Eltern, indem er sie anleitet, zu erinnern, was sie in der Spielsituation gedacht und erlebt haben und was ihr Kind empfunden und mit seinem Handeln beabsichtigt haben mag.

Lieberman, Diaz und Van Horn (2011) entwickelten aus der Arbeit mit traumatisierten Frauen eine therapeutische Arbeit mit dem Ungeborenen, die sich an Mütter mit psychischen Problemen richtet, aber vor allem an schwangere Frauen mit Gewalterfahrungen durch ihre Partner (Intimate Partner Violence, IPV): eine *vorgeburtliche Mutter-Kind-Psychotherapie (CCP)*. Während der Schwangerschaft steht das mütterliche Befinden im Vordergrund, ihr Erleben, ihre Phantasien im Hinblick auf das Ungeborene. Um der Mutter zu verdeutlichen, wie wichtig sie und ihr Baby für die Therapeutin sind und um von Anbeginn die Mutter-Kind-Beziehung zu stärken, besucht die Psychotherapeutin die Mutter kurz nach der Geburt noch in der Klinik. Sie spricht mit ihr über die Geburt, zeigt ihr mittels des von T. Berry Brazelton und Mitarbeitern (1973) entwickelten *Neonatal Behavioral Assessment Scale (NBAS)*, was ihr Baby schon alles kann, und überprüft dabei zugleich das Interesse der Mutter an ihrem Baby bzw. deren Fähigkeiten, die kindlichen Signale wahrzunehmen, richtig zu interpretieren und angemessen und prompt darauf einzugehen. Wie harmonisch oder dissonant erlebt sie das Zusammensein mit dem Baby, spielt sich eine Rhythmizität ein? Es war insbesondere Daniel Sterns Verdienst, früh auf die Bedeutung der Musikalität, des rhythmischen Miteinanders, hingewiesen zu haben.

7.5 Beispiel einer Kurzzeitpsychotherapie

Im Folgenden wird ein Beispiel für eine Kurzzeitpsychotherapie gegeben, das die enge Verflechtung zwischen Symptomen des Babys und frühen eigenen Erfahrungen der Mutter illustriert und zeigt, wie relativ schnell gezielte Interventionen zu einer Veränderung führen:

Frau K. meldet sich wegen der »Affektkrämpfe« ihrer 16 Monate alten Tochter, derentwegen sie bei mehreren Kinderärzten und einer Universitätsklinik vorstellig geworden war, die sie dann an mich weitervermittelten. Voller Angst und mit dramatischen Worten schildert sie am Telefon die affektiven Ausnahmezustände ihrer Tochter, wie sie bei solchen Krämpfen blau anlaufe, zu atmen aufhöre, starr werde, bis ich bemerke, wie ich selbst auch kaum noch zu atmen wage und mich besorgt frage, ob ich mit diesem »Fall« fertig werde.

Frau K. kommt zum Ersttermin ohne ihren Mann, der beruflich sehr eingespannt sei. Sie ist eine attraktive, geschmackvoll gekleidete, sehr schlanke Frau, Ende zwanzig, die mich sofort in Beschlag nimmt. Die Tochter Daniela ist auffallend zierlich. Ernst und mit einem direkten Blick, ohne Scheu, schaut sie mich interessiert an und erkundet dann das Zimmer. Auffallend ist ihre große Unruhe. Unermüdlich schleppt sie viel zu große und schwere Gegenstände im Zimmer hin und her, türmt sie zu einem Berg aufeinander, während ich mich in den von der Mutter sprachlich aufgetürmten Problembergen zurechtzufinden suche. Schließlich verhakt sich die Tochter in ihrem Bauwerk, stürzt hin, um sich dann von der Mutter trösten zu lassen. Diese Szenen wiederholen sich in den folgenden Sitzungen als ein »Thema in Variationen«. Frau K. schildert derweil voller affektiver Vehemenz die Affektkrämpfe als »Fall 1«, »Fall 2«, »Fall 3« minutiös in ihrem Ablauf, ohne die aktuell stattfindenden Überaktivitäten ihrer Tochter zu beachten. Sie hat erst wieder einen Blick für sie, als diese weint. Aus ihren Schilderungen lässt sich herausarbeiten, dass den Affektkrämpfen eine Übermüdung vorausging, die Eltern ihr eine Grenze gezogen hatten (ein Verbot aussprachen) und sie selbst ebenfalls sehr angespannt waren.

Nebenbei erfahre ich, dass die Familie kurz nach der Geburt ihrer Tochter infolge eines Berufswechsels des Mannes umziehen musste und sich Frau K. am neuen Wohnort, ohne Freunde, wenig beheimatet fühlt. Die Schwangerschaft kam überraschend, da Frau K. infolge einer langjährigen Anorexie und Bulimie der Meinung war, sie könne gar nicht schwanger werden. Ihre Ambivalenz hinsichtlich ihres Frauseins, die sie in einer mehrjährigen Psychoanalyse glaubte gelöst zu haben, brach wieder auf, indem sich ein unstillbares Schwangerschaftserbrechen einstellte. Monatelang wurde Frau K. in der Klinik behandelt, zumal die Gefahr bestand, dass der Fetus sich nicht adäquat entwickelte.

Nach der Geburt, die zwei Monate zu früh stattfand, schienen sich Daniela und die Mutter-Kind-Beziehung sehr gut entwickelt zu haben, bis in den letzten Monaten die »Affektkrämpfe« auftraten. »Ich habe mich selbst gewundert, wie glatt bisher alles lief. Ich dachte, diese enge Beziehung zu einem Säugling halte ich gar nicht aus«, gesteht Frau K. »Nun ist es gerade umgekehrt, wo sie ihren Radius erweitert, kommen die Probleme.« Als Säugling sei sie so »pflegeleicht« gewesen, man konnte sie überallhin mitnehmen. Erste Schwierigkeiten seien nach einer Wochenendtrennung aufgetreten, bei der eine Zugehfrau auf Daniela aufpasste, und nach einem gescheiterten Versuch, sie bei einer Tagesmutter unterzubringen.

Erfahren durch die vorausgegangene eigene Psychotherapie, kann Frau K. schnell erkennen, dass sie selbst im Alter von Daniela infolge eines schweren Nierenleidens lange im Krankenhaus liegen musste und wie sie sich in ihrer Autonomie eingeschränkt gefühlt hatte. Da sie zudem ein Augenleiden hatte, lange eine Augenklappe tragen musste, sei sie sehr tollpatschig gewesen und oft gestürzt. So erfahre ich, dass Frau K. das »verunfallende« Verhalten ihrer Tochter als »normal« ansieht und dadurch nicht irritiert ist. Von ihren Eltern gewohnt, sehr an die Kandare genommen zu werden, worunter sie zwar litt, ist es doch das für sie Vertraute. Zufällig entdecke ich, dass Frau K. Daniela buchstäblich anleint, wenn sie mit ihr die Praxis verlässt, da sie befürchtet, sie könne ihr weglaufen.

Auf der einen Seite wünscht sich Frau K., mehr Zeit für sich zu haben, und möchte ihren Beruf wieder aufnehmen, auf der anderen Seite ist sie voller Schuldgefühle, was sie ihrer Tochter damit antun könnte. Auch hier kann an die Erfahrungen der Psychotherapie angeknüpft werden und sie erkennt ihr »altes Thema« von Nähewünschen und Autonomiebestrebungen.

Dieses Thema taucht auch im Kampf um den Mittagsschlaf auf. Während Daniela zu früheren Zeiten problemlos ihren Mittagsschlaf in ihrem Bettchen hielt, weigert sie sich in letzter Zeit, ohne die Mutter einzuschlafen. Einerseits ist Frau K. oft selbst müde und es »gelüstet« sie nach einem Nickerchen, andererseits will sie »diese kostbare Zeit für mich« nicht schlafend verbringen. Manchmal kann sie es zulassen, dass Daniela – was Frau K. sehr genießt – mit ihr zusammen einschläft. Abwehrend meint sie aber, die Tochter sei zu unruhig, sie komme dann nicht zum Schlafen, könne dann aber auch nicht lustvoll lesen. »Es ist mir dann alles zu viel, zu dicht.«

Während der Sitzungen kommt es manchmal zu »überschießenden Sympathiebekundungen« von Frau K. Sie reißt Daniela dann förmlich an sich und knuddelt sie durch, die diese Liebesbeweise über sich ergehen zu lassen scheint. Andere Male verhält sie sich ihrer Tochter gegenüber distanziert und sieht nicht, wie diese um sie herumschleicht und Zuwendung von ihrer Mutter erhofft. Ebenso wie Frau K. kann sie ihre Nähewünsche selten direkt ausdrücken. Fatalerweise hat sich bereits ein Verhaltensmuster aufgebaut, dass Aufmerksamkeit (Zuwendung) dann erfolgt, wenn Daniela entweder Verbotenes macht oder ein kleiner Unfall passiert.

In der Behandlung wird anfangs so vorgegangen, dass vom direkten kindlichen Verhalten ausgehend mit der Mutter die aktuellen, sich in den Sitzungen ereignenden Sequenzen besprochen werden. Frau K. überlegt sich, wie sie von sich aus mehr auf Daniela zugehen kann. Es ist für sie, die gewohnt ist, alles zu strukturieren, leichter, mit ihrer Tochter feste Spielzeiten zu etablieren, als sich auf kleine situativ sich entwickelnde Spielchen mit ihr einzulassen. Sie will, wenn sie mit etwas beschäftigt ist, sich nicht von ihrer Tochter stören lassen, erlebt sie dann als »fordernd« (Wer hat hier das Sagen?). Als sich in einer Psychotherapiestunde, in der Daniela sich weigert, das mitgebrachte Brot still am Tisch sitzend zu verspeisen, wie es die Mutter will, ein heftiger Kampf zwischen beiden entwickelt, meint Frau K. voller Wut und Empörung: »Es kann doch nicht sein, dass sie jetzt schon ihren Kopf durchsetzt!«

Auch hier spiegelt sich ein alter mütterlicher Konflikt in der Mutter-Kind-Interaktion wider. Auf der einen Seite war Frau K. es als Kind gewohnt, sich unterzuordnen, und leidet bis heute darunter, dass sie für sich nur schwer herausfinden kann, was sie wirklich will, auf der anderen Seite ängstigen sie die Durchsetzungskraft ihrer Tochter und ihre Triebimpulse. Ihr eigener Kampf um Autonomie und Selbstbestimmung manifestierte sich früher fatalerweise im Kampf mit ihrer Mutter ums Essen (Anorexie). Erschrocken stellt Frau K. fest, wie ihre Probleme, mit denen sie sich lange herumschlug und von denen sie hoffte, sie seien bewältigt, in der Interaktion mit ihrer Tochter wiederkehren. Die therapeutische Intervention, ihr zu sagen, sie wolle wohl immer noch perfekt sein, indem sie für sich den Anspruch habe, alles vorzüglich hinzubekommen, entlastet sie. Wichtig ist zudem, dass zumindest zeitweise ihr Mann in die Behandlung einbezogen werden kann. Es entlastet sie, festzustellen, dass er genauso wenig wie sie mit der Tochter frei spielen kann. Sie erkennen beide, dass ihre Eltern nicht mit ihnen gespielt haben, dieser Spielbereich somit für sie beide Neuland, einen unbekannten Raum darstellt, den sie zu dritt nun entdecken können.

Als Frau K. in einer Sitzung eher nebenher berichtet, wie sie wieder unter ihren heftigen Rückenschmerzen leidet, und die Therapeutin förmlich die Riesenlast auf ihren Schultern sehen kann, nimmt sie Frau K. in Gedanken in ihre Arme, wiegt sie wie ein Kind, streicht ihr zart über das angespannte Gesicht. Während die Therapeutin diesem inneren eigenen Bild folgt, bemerkt sie, wie Daniela, die soeben begonnen hatte, angespannt und unruhig einen Kinderstuhl mit dem Puppenwagen zu verkanten, plötzlich damit aufhört, sich in die Kuschelecke zurückzieht und sich hinlegt. Die Deutung, ihre

Tochter drücke jetzt gerade das aus, was Frau K. für sich nicht zu spüren wagt, dass sie auch ein Seismograf für sie sei, rührt Frau K. zu Tränen. Verstohlen versucht sie, sie wegzudrücken, und braucht auch hier fast eine Erlaubnis, dem Raum zu geben, was sie in sich spürt.

Lebovici (1990) spricht vom Phänomen der Inszenierung (»mise en scène«) eines intrapsychischen Konflikts der Mutter oder des Vaters. Der Konflikt »materialisiert« sich sozusagen in der Interaktion und wird dadurch erkennbar.

So wurde auf der einen Seite auf die gegenseitige Beeinflussung in der Entwicklung der mütterlichen Phantasien (und wenn der Vater anwesend war, natürlich auch seiner) über das Kleinkind und über die Familie fokussiert, auf der anderen Seite wurden die beobachtbaren Interaktionen in das therapeutische Geschehen mit hineingenommen. Darüber hinaus registrierte die Therapeutin aber auch die Gegenübertragungsphantasien, die bei ihr durch ihre Teilnahme in der Behandlungssituation entstanden, und nahm sie als wichtige Quelle zum Verständnis des psychodynamischen Geschehens.

Die Kurztherapie konnte nach acht Monaten und insgesamt 19 Sitzungen erfolgreich beendet werden. Die Eltern lernten, die Signale ihrer Tochter rechtzeitig zu erkennen, sodass die dramatischen Affektkrämpfe nicht mehr auftraten. Frau K. nahm sich in ihren eigenen körperlichen Signalen ernster und konnte ihre eigenen Anspannungen und ihre zurückgehaltene Wut besser wahrnehmen. Ihr Anspruch, für ihre Tochter gut zu sorgen, half ihr dabei, da sie nun verstand, wie sich ihre Anspannungen auf ihre Tochter übertrugen. Sie erlebte die Trotzanfälle von Daniela nicht mehr als gegen sich gerichtet, sondern als entwicklungsmäßig notwendige Autonomiebestrebungen, bei denen sie ihr helfen konnte, indem sie bei heftigen Trotzzuständen rechtzeitig Brücken baute, sodass sich ihre Tochter nicht mehr in der Heftigkeit ihrer Affekte verlor.

Auch bei diesen Eltern wurde in der therapeutischen Ablösungsphase immer wieder betont, dass sich die Familie wieder melden könne, wenn eine neue (oder alte) Fragestellung auftaucht. Dies war bei Frau K. wegen ihres Perfektionsanspruchs besonders wichtig; sie brauchte die Entlastung, dass es »normal« sei, Fragen zu haben und sich rechtzeitig Hilfe zu holen.

In diesem Beispiel war es hilfreich, dass die Mutter psychotherapeutische Erfahrungen gemacht hatte und offen war für Analogien zwischen ihrer Beziehung zur Tochter und den eigenen Beziehungserfahrungen als Kind. Vielleicht hätte die Therapie ohne diese günstige Voraussetzung etwas länger gedauert, aber die Ziele wären dieselben geblieben: einzusehen, wie sie das eigene Kind im Dienste ihrer inneren (Autonomie-)Konflikte verwendet, und auf diese Verwendung verzichten zu lernen.

8 Anwendungsfelder von Eltern-Säuglings-Kleinkind-Psychotherapie

Bisher gibt es keine Übersicht, wie viele ausgebildete Eltern-Säuglings-Kleinkind-Psychotherapeutinnen und -therapeuten es überhaupt gibt und wo sie arbeiten. Die meisten der ca. 180 Teilnehmenden unserer Weiterbildungen arbeiten in eigener Praxis. Einige sind in Kliniken angestellt oder in anderen Institutionen, wie Sozialpädiatrischen Zentren oder Erziehungsberatungsstellen, oder arbeiten freiberuflich. Um wie viel weiter aufgefächert ihr Arbeitsfeld jedoch sein könnte, wird im Folgenden dargelegt.

8.1 Eltern-Säuglings-Kleinkind-Psychotherapien in eigener Praxis

Werden Eltern-Säuglings-Kleinkind-Psychotherapien in der eigenen Praxis durchgeführt, so können Psychotherapeuten, sofern sie eine Kassenzulassung haben, die Behandlung entweder über die entsprechenden Ziffern für Krankheitsbilder der Mutter bzw. des Vaters abrechnen, wenn diese Auswirkungen auf den Säugling haben, etwa bei Wochenbettdepressionen oder Ängsten, oder als Kinder- und Jugendlichenpsychotherapeutin über die Ziffern, die im Zusammenhang mit den kindlichen Störungsbildern stehen (z. B. Schlaf-, Ess- oder Bindungsstörungen). Einige approbierte Kolleginnen ohne Kassenzulassung führen *ESKP oder SKEPT im Erstattungsverfahren* durch oder übernehmen sogenannte »*KJHG-Psychotherapien*« (*Psychotherapie im Kinder- und Jugendhilferecht*), sofern sie über die dafür nötigen zertifizierten Fortbildungsveranstaltungen verfügen. Es handelt sich um eine »Hilfe für die Eltern zur Wahrnehmung ihres Erziehungsauftrags, die »über die Eltern« dem Kind oder Jugendlichen zu gute kommt« (Wiesner, 2005).

Eltern-Säuglings-Kleinkind-Psychotherapien werden dringend im Bereich der Jugendhilfe benötigt, sei es in Mutter-Kind-Einrichtungen, Erziehungsberatungsstellen oder als aufsuchende Therapie, da in der Regel die Familien, die erhebliche strukturelle Schwächen haben, den Weg weder zu Erziehungsberatungsstellen oder anderen Institutionen noch zu niedergelassenen Psychotherapeuten finden. In einer von der Bundespsychotherapeutenkammer 2015 durchgeführten Befragung von Psychotherapeuten, die in Institutionen der Jugendhilfe, einschließlich Erziehungsberatungsstellen, arbeiten, bestätigten 75 % der Befragten und 87 % der Mitarbeitenden aus Einrichtungen der ambulanten Jugendhilfe den dringenden Bedarf psychotherapeutischer Leistungen, auch zur Überbrückung von Wartezeiten, bis reguläre Psychotherapien greifen (www.bptk.de/publikationen/bptk-studie.html).

Ausgebildete Eltern-Säuglings-Kleinkind-Psychotherapeutinnen wissen, wie kompliziert manchmal diese Behandlungen sein können, zumal durch die Angebote Früher Hilfen mancherorts leichtere Fälle kaum noch in Kassenpraxen landen. Zunehmend werden Eltern mit ihren Säuglingen bzw. Kleinkindern mittlerweile zum Beispiel von Mitarbeitenden aus Mutter-Kind-Einrichtungen oder seitens der Jugendhilfe an niedergelassene Psychotherapeutinnen überwiesen. Für Eltern-Säuglings-Kleinkind-Psychotherapeutinnen ist es daher wichtig, in einem Netzwerkverbund zu arbeiten, um gegebenenfalls etwa mit einer Familienhelferin und/oder dem Jugendamt zusammenzuarbeiten.

Die Intensität der Behandlung hängt nicht nur von der therapeutischen Kapazität ab, der Behandlungsmethode, sondern auch von der Fähigkeit der Eltern, den Alltag zu strukturieren, bzw. von ihren zeitlichen Kapazitäten. Immer wieder erleben ESK-Psychotherapeuten, dass Mütter kurzfristig absagen, da ihr Kind erkrankt ist oder sie es nicht aus dem Schlaf reißen möchten, zumal wenn es sich um eine Schlafstörung handelt oder um ein exzessiv schreiendes Kind.

8.2 Arbeitsfeld Kliniken für Psychiatrie, Psychotherapie und Psychosomatik

Obwohl viele Kliniken damit werben, Mütter und ihre Säuglinge stationär psychotherapeutisch zu behandeln, so handelt es sich realiter dabei oft um eine »Mogelpackung«. Bei genauerem Hinschauen bzw. Kenntnissen über den stationären Ablauf stellt man fest, dass manchmal keiner der Ärzte, Psychologinnen, Sozialarbeiter, geschweige denn das Pflegepersonal über eine fundierte Weiterbildung in Eltern-Säuglings-Kleinkind-Psychotherapie verfügt. Sie werben zwar damit, aber was sie oft lediglich anbieten, ist, dass Mutter und Säugling zusammen stationär oder teilstationär (Tagesklinik) aufgenommen werden. Dies liegt vorrangig daran, dass in psychiatrischen, psychosomatischen und psychotherapeutischen Kliniken die Unterbringung lediglich für die Mutter bezahlt wird und zusätzliche Angebote unentgeltlich von der Klinik bereitgestellt werden müssen, womit diese intensiven Behandlungen den Klinik keinen Gewinn einbringen, sondern sogar Kosten verursachen würden.

Wie notwendig es ist, aber auch wie schwierig es sein kann, auf kompetente stationäre Einrichtungen zurückgreifen zu können, zeigt folgendes Fallbeispiel:

An einem sehr heißen Sommertag wandte sich ein verzweifeltes Elternpaar telefonisch an mich mit der dringenden Bitte, ihnen möglichst sofort mit ihrem zu früh geborenen Baby, das nicht trinken wolle, zu helfen. Als ich Stunden später die Eltern mit ihrem winzigen Baby traf, erschrak ich über den dehydrierten Zustand des Säuglings. Die Eltern standen vor der Entscheidung, ihr inzwischen vier Monate altes Baby wieder in eine Kinderklinik einweisen zu lassen, wo Greta erst vor wenigen Tagen entlassen worden war. Sie war nach jahrelanger reproduktionsmedizinischer Behandlung endlich in der 28. Schwangerschaftswoche geboren worden. Die Sondenentwöhnung verlief schwierig. Schon beim Anblick der Flasche schrie die immer noch sehr zart und zerbrechlich wirkende Greta jämmerlich. In der Klinik sei sie schreiend von der Kinderkrankenschwester gefüttert worden, indem man ihr den Sauger, wenn sie schrie, in den Mund gestopft habe. Das könnten sie nicht, berichteten die Eltern verzweifelt. Sie seien mehrmals beim Kinderarzt gewesen, der außer einer mehrfachen Klinikeinweisung auch nicht weiterhelfen konnte. Sie fühlten sich als Eltern alleingelassen.

Aufgrund des geringen Gewichts und der Dehydrierung drohte wieder eine Sondenernährung. Eine ambulante Behandlung kam für die Psychotherapeutin aufgrund des kritischen Zustands des Babys nicht infrage, sondern nur noch eine stationäre, auch pädiatrisch kompetente Eltern-Säuglings-Psychotherapie. Auf ihren Notruf hin konnte die Familie kurzfristig im Klinikum München-Harlaching aufgenommen werden. Vorausgegangen waren heftige Auseinandersetzungen mit dem Medizinischen Dienst der Krankenkasse, der einen erneuten Klinikaufenthalt nicht bewilligen wollte. Erst nach der Androhung seitens der Therapeutin, sie würde eine Aktennotiz über das Gespräch mit der Ärztin anlegen, die verantwortlich sei für Negativfolgen, wenn keine Kostenübernahme für eine stationäre Eltern-Säuglings-Psychotherapie erfolge, und sie sich zudem juristischen Beistand einhole, übernahm die Krankenkasse die Behandlungskosten.

9 Wirksamkeit von Eltern-Säuglings-Kleinkind-Psychotherapie

Sind es andere Faktoren in der ESKP als in der »üblichen« Psychotherapie, die sich als wirksam für Veränderungen erwiesen haben? Folgt man Stern (Stern et al., 2012, S. 239), so ist »die Beziehung an sich […] der ausschlaggebende Veränderungsfaktor«, wobei er sich auch auf die herkömmliche Psychotherapieforschung bezieht. Er verweist darauf, dass die Therapie mit Erwachsenen viel von der Säuglingsforschung und der ESKP profitiere – seien es zum Beispiel die »affektive Einstimmung«, die richtige »Passung oder Stimmigkeit« (S. 239), aber auch »die Unterbrechungs- und Wiederherstellungsprozesse in der Mutter-Säugling-Beziehung« (S. 242), die in der Therapie mit Erwachsenen ebenfalls bedeutsam sind. Es ist weniger die Art der Intervention, die eine Rolle spielt, sondern deren Qualität, die wiederum von der Beziehung abhängt. In jeder Psychotherapie muss sich der Therapeut in angemessenem Maße emotional auf die Beziehung zum Patienten einlassen, was meist implizit geschieht (vgl. S. 251). Ihr Miteinanderarbeiten besteht in einem unablässigen Suchen nach dem nächsten gemeinsamen Schritt und einem gemeinsamen Ausprobieren (vgl. S. 257).

Bedeutsam ist das »implizite Beziehungswissen«, das prozedurale Wissen, und weniger das deklarative, explizite Wissen, das bewusst ist oder leicht bewusst gemacht werden kann durch meist sprachliche Interventionen (vgl. S. 21). Wichtig sind zudem eine geglückte Abstimmung in einer Vitalisierung, einer Rhythmizität, die einem Tanz gleichkommt. Folgendes bewirkt nach Stern et al. (2012, S. 31 f.) Veränderungen in der Psychotherapie: »Das Schlüsselkonzept, der ›Begegnungsmoment‹, ist jene emergente Eigenschaft des von uns als ›Vorangehen‹ bezeichneten Prozesses, die die intersubjektive Umwelt und damit das implizite Beziehungswissen verändert. Kurz, das Vorangehen besteht aus einer Aneinanderreihung von ›Gegenwartsmomenten‹ [›present moments‹], den subjektiven Einheiten, welche die kleinen Richtungsveränderungen im Prozess des Vorangehens markieren. Manchmal laden sich Gegenwartsmomente affektiv auf und werden zum Brennpunkt für den therapeutischen Prozess. Diese Augenblicke bezeichnen wir als ›now moments‹. Wenn ein solcher ›Jetzt-Moment‹ ergriffen wird, das heißt, wenn beide Partner mit einer authentischen, spezifischen, persönlichen Reaktion auf ihn reagieren, wird er zu einem ›Moment der Begegnung‹.«

Obgleich ESKP ein relativ junges therapeutisches Verfahren ist, gibt es Studien, die die Effektivität dieses Verfahrens nachweisen. Einen Überblick findet man bei Kennedy und Midgley (2007) sowie Barlow et al. (2015), Fonagy, Sleed und Baradon (2016) oder Salomonsson (2014), Winberg Salomonsson, Sorjonen und Salomonsson (2015). Es ist hier nicht der Raum für eine umfassende Darlegung der Forschungslage, sodass nur auf einige wenige Studien verwiesen werden kann. Sehr viele Studien belegen die positiven Auswirkungen von ESKP auf die Mutter-Kind-Beziehung und die kindliche Entwicklung bei postpartaler Depression der Mütter (vgl. Murray et al., 2011; Pawlby, Clarke, Best, Weir u. O'Keane, 2005; Timmer et al., 2011) oder mütterlichen Angststörungen. ESKP fördert die elterlichen Fähigkeiten, aber auch die Bindungssicherheit (z. B. Toth, Rogosch, Manly u. Cicchetti, 2006; Cohen, Loikasek, Muir, Muir u. Parker, 2002). Die Wirksamkeit von ESKP hängt dabei nicht von der therapeutischen Richtung ab, wie Cramer et al. bereits 1990 in ihrer Studie nachwiesen. Salomonsson (2014) konnte in einer Studie ebenfalls nachweisen, dass ESKP größere Wirkungen zeigt als eine im Gesundheitswesen in Schweden üblicherweise durchgeführte frühinterventive Methode. Dies deckt sich mit den bei Lieberman und Van Horn (2015, S. 355) aufgeführten Studien.

10 Ausblick

Obwohl in den letzten Jahren das Bewusstsein für die Bedeutung der frühen Zeit nicht nur bei Fachkräften, sondern auch in der Allgemeinbevölkerung gestiegen ist, wurden die Strukturen innerhalb des Gesundheitssystems nicht dementsprechend geändert. Zwar bezeichnet sich zum Beispiel die AOK als »Gesundheitskasse«, aber übernimmt nicht die Kosten für frühkindliche präventive Maßnahmen. Um die Weitergabe transgenerationaler Muster, die sogar zu genetischen Veränderungen führen können (Singer u. Strüber, 2014), wirksam zu unterbinden, führt ein Sparen in diesem Bereich langfristig zu einem immensen Kostenanstieg. Eine zunehmende Zahl von Forschungen verweist auf einen Zusammenhang frühkindlicher Erfahrungen mit späteren nicht nur psychischen, sondern auch (psycho-) somatischen Erkrankungen (Roth u. Strüber, 2104; Bauer, 2002; Felitti, 2002). Da es sich um so einen wichtigen, sensiblen Bereich handelt, reicht es oft nicht aus, Semiprofessionellen wie Familienhebammen dieses Feld zu überlassen, sondern gerade bei Hochrisikofamilien müssten frühzeitig Expertinnen eingebunden werden. Es ist unverständlich, weshalb beispielsweise in Einrichtungen der Jugendhilfe (Gemeinsame Wohnformen gemäß § 19 SGB VIII für Mütter/Väter und Kinder) bisher keine Eltern-Säuglings-Kleinkind-Psychotherapien stattfinden. Mütter, die mit ihren Säuglingen oder Kleinkindern in diesen Einrichtungen untergebracht werden, weil man befürchtet, dass sie aufgrund ihrer bisherigen Lebenserfahrungen und persönlichen Probleme nicht hinreichend gut für ihr Kind sorgen können, werden hier häufig von dafür nicht speziell ausgebildeten Mitarbeiterinnen betreut. Es erstaunt, dass in Sozialpädiatrischen Zentren, in denen oft Frühgeborene mit ihren Folgeerscheinungen bzw. Kinder mit Regulationsstörungen behandelt werden, keine in ESKP weitergebildete Therapeuten arbeiten. Dies betrifft ebenso Familienzentren oder Kindergärten, in denen Mütter mit ihren Säuglingen oder Kleinkindern bei einer entsprechenden Einbindung von ESKP vor Ort behandelt werden könnten (Ludwig-Körner, Krauskopf u. Stegemann, 2016).

In diesem Buch wurde verdeutlicht, wie anspruchsvoll und komplex eine Ausbildung in ESKP ist und welche Bereiche und Techniken sie umfasst. Im Sinne einer angemessenen Versorgung insbesondere der Hochrisikofamilien scheint es mir vonnöten, abzuwägen, inwieweit ESKP ein eigenständiges methodisches Verfahren werden sollte, das nur diejenigen Psychotherapeuten mit den Kassen abrechnen dürfen, die darin zusätzlich ausgebildet wurden. Die Gefahr ist zu groß, dass gerade Psychotherapeuten, bei denen sich zu wenige Patienten melden, in diesem sensiblen Bereich ein Einkommen wittern. Lieberman und Van Horn (2015) führen Beispiele von misslungenen ESK-Pychotherapien an, bei denen beispielsweise eine Überinvolviertheit der Psychotherapeutinnen, persönliche Schwierigkeiten, Kollusionen, vielleicht aber auch eine ungenügende Qualifikation vorlagen.

Ein wichtiges weiteres Feld für ESKP wäre die Begutachtung von Kinderschutzfällen im Frühbereich, die bisher in Deutschland nur sehr selten von Expertinnen durchgeführt werden. Um in einen besseren internationalen Austausch zu kommen, wurde 2015 auf dem Kongress der International Psychoanalytic Association (IPA) in Boston eine Working Group gegründet, initiiert durch die Autorin, mit dem Ziel eines Austausches hinsichtlich des Standards der Weiterbildung in Parent Infant Psychotherapy, der Erfahrungen mit unterschiedlichen methodischen Konzepten und eines Überblicks über Forschungen in ESKP. Es geht damit auch die Hoffnung einher, diesem so wichtigen therapeutischen Bereich in der (Fach-)Öffentlichkeit mehr Raum zu geben.

Literatur

Alexander, F., French, T. M. (1946). Psychoanalytic psychotherapy. Principles and applications. New York: Ronald (Press Wiley 1974).
Baradon, T., Broughton, C., Gibbs, I., James, A. Joyce, A., Woodhead, J. (2011). Psychoanalytische Psychotherapie mit Eltern und Säuglingen. Grundlagen und Praxis früher therapeutischer Hilfe. Stuttgart: Klett-Cotta. (engl.: New York: Routledge, 2005)
Barlow, J., Bennett, C., Midgley, N., Larkin, S. K., Wei, Y. (2015). Parent-infant psychotherapy for improving parental and infant mental health (Review). The Cochrane Libary. Published by John Wiley & Sons.
Barth, R. (2008). Was mein Schreibaby mir sagen will. Weinheim: Beltz.
Bauer, J. (2002). Das Gedächtnis des Körpers. Wie Beziehungen und Lebensstile unsere Gene steuern. Frankfurt a. M.: Eichborn.
Bernfeld, S. (1925). Psychologie des Säuglings. Wien: Springer.
Bowlby, J. (1951). Maternal care and mental health. Geneva: WHO.
Brazelton, T. B. (1973). Neonatal Behavioral Assessment Scale. Clinics in Developmental Medicine No. 50. London: William Heinemann Medical Books Ltd./Philadelphia: J. B. Uppincott Co.
Buchheim, A., Kächele, H. (2002). Das Adult Attachment Interview und psychoanalytisches Verstehen. Psyche – Zeitschrift für Psychoanalyse und ihre Anwendungen, 56, 946–973.
Carter, S., Osofsky, J. D., Hann, D. M. (1991). Speaking for the baby: Psychotherapeutic interventions with adolescent mothers and their infants. Infant Mental Health Journal, 12, 291–302.
Child Maltreat (2014). U.S. Department of Health & Human Services Administration for Children and Families Administration on Children, Youth and Families Children's Bureau. http://www.acf.hhs.gov/programs/cb/research-data-technology/statistics-research/child-maltreatment vom 2.7.2016
Chu, A. T., Lieberman, A. F. (2010). Clinical implications of traumatic stress from birth to age five. Annual Review of Clinical Psychology, 6, 469–94.

Cierpka, M. (Hrsg.) (2012). Frühe Kindheit 0–3 Jahre. Beratung und Psychotherapie für Eltern mit Säuglingen und Kleinkindern. Berlin u. a.: Springer.

Cohen, N. J., Loikasek, M., Muir, E., Muir, R., Parker, C. J. (2002). Six-month follow-up of two mother-infant psychotherapies: Convergence of therapeutic outcomes. Infant Mental Health Journal, 23 (4), 361–80.

Cohen, N. J., Muir, E., Lojkasek, M., Muir, R., Parker, C. J., Barwick, M., Brown, M. (1999). Watch, wait and wonder: Testing the effectiveness of a new approach to mother-infant psychotherapy. Infant Mental Health Journal, 20 (4), 429–451.

Cowan, C., Cowan, P. (2000). When partners become parents. The big life change for couples. Mahway, NJ: Lawrence Erlbaum.

Cramer, B., Palacio-Espasa, F. (2009). Psychotherapie mit Müttern und ihren Babys. Kurzzeitbehandlungen in Theorie und Praxis. Gießen: Psychosozial-Verlag (frz. Original 1993).

Cramer, B., Robert-Tissot, C., Stern, D. N., Serpa-Rusconi, S., de Muralt, M., Besson, G., Palacio-Espasa, F., Bachmann, J.-P., Knauer, D., Berney, C., d'Arcis, U. (1990). Outcome evaluation in brief mother-infant psychotherapy: A preliminary report. Infant Mental Health Journal, 11 (3), 278–300.

Cremerius, J. (1979). Gibt es zwei analytische Techniken? Psyche – Zeitschrift für Psychoanalyse und ihre Anwendungen, 33, 577–599.

Derksen, B., Lomann, S. (2009). Baby-Lesen. Die Signale des Säuglings sehen und verstehen. Stuttgart: Hippokrates.

Egeland, B., Erickson, M. F. (2004). Lessons from STEEP™: Theory, research and practice for the well-being of infants and parents. In A. J. Sameroff, S. C. McDonough, K. L. Rosenblum (Eds.), Treating parent-infant relationship problems: Strategies for intervention (pp. 213–242). New York: Guilford Press.

Emde, N. R. (2016). Infant psychiatry and the origins of WAIMH. Remarkable early contributions that energized our field. Vortrag am 2.6.2016, Kongress WAIMH, Prag.

Erickson, M., Egeland, B. (2004). Die Stärkung der Eltern-Kind-Beziehung. Frühe Hilfen für die Arbeit mit Eltern von der Schwangerschaft bis zum zweiten Lebensjahr des Kindes durch das STEEP™-Programm. Stuttgart: Klett-Cotta. (engl.: Institute of Child Development: University of Minnesota)

Erikson, E. (1966). Identität und Lebenszyklus. Frankfurt a. M.: Suhrkamp.

Felitti, V. J. (2002). The relationship of adverse childhood experiences to adult health: Turning gold into lead. Zeitschrift für psychosomatische Medizin und Pychotherapie, 48, S. 359–369.

Fonagy, P., Gergely, G., Jurist, E., Target, M. (2002). Affect regulation, mentalization and the development of the self. New York: Other Press.

Fonagy, P., Sleed, M., Baradon, T.(2016). Randomized controlled trial of parent-infant-psychotherapy for parents with mental health problems and young infants. Infant Mental Health Journal, 37 (2), 97–114.

Fraiberg, S. (Ed.) (1980). Clinical studies in infant mental health: The first year of life. New York: Basic Books (dt.: Seelische Gesundheit in den ersten Lebensjahren. Studien aus einer psychoanalytischen Klinik für Babys und ihre Eltern. Gießen: Psychosozial-Verlag).

Fraiberg, S., Adelson, E., Shapiro, V. (1975). Ghosts in the nursery: A psychoanalytic approach to the problem of impaired infant-mother relationships. Journal of the American Academy of Child and Adolescent Psychiatry, 14, 387–422.

Freud, E. (1976). Die Bedeutung der frühkindlichen Entwicklung im Rahmen der psychoanalytischen Ausbildung. Psyche, 30, 723–743.

Furman, R. A., Katan, A. (1969). The therapeutic nursery school. New York: International Universities Press.

Hédervári-Heller, É. (2011). Emotionen und Bindung bei Kleinkindern. Entwicklung verstehen und Störungen behandeln. Weinheim: Beltz.

Hettema, J. M., Neale, M. C., Kendler, K. S. (2001). A review and meta-analysis of the genetic epidemiology of anxiety disorders. American Journal of Psychiatry, 158 (10), 1568–1578.

Jacobs, L. (2006). Parent-centers work: A relational shift in child treatment. Journal of Infant, Child and Adolescent Psychotherapy, 5, 226–239.

James, J. (2011). Analytische Gruppenpsychotherapie mit Müttern und Säuglingen. In T. Baradon, C. Broughton, I. Gibbs, J. James, A. Joyce, J. Woodhead: Psychoanalytische Psychotherapie mit Eltern und Säuglingen (S. 174–199). Stuttgart: Klett-Cotta.

Kennedy, E., Midgley, N. (2007). Process and outcome research in child, adolescent and parent-infant psychotherapy. North Central London Strategic Health Authority.

Körner, J. (2016). Psychodynamische Interventionsmethoden. Göttingen: Vandenhoeck & Ruprecht.

Kvalevaag, A. L., Ramchandani, P. G., Hove, O, Eberhard-Gran, M., Assmus, J., Haavik, O. E., Sivertsen, B., Biringer, E. et al. (2014). Does paternal mental health in pregnancy predict physically aggressive behavior in children? European Child and Adolescent Psychiatry, 23, 993–1002.

Lebovici, S. (1990). Der Säugling, die Mutter und der Psychoanalytiker. Die frühen Formen der Kommunikation. Stuttgart: Klett-Cotta. (frz.: Paris: Centurion, 1983)

Lieberman, A. F., Diaz, M. A., Van Horn, P. (2011). Parental child-parent psychotherapy: Adoption of an evidence-based treatment for pregnant women and babies exposed to intimate partner violence. In S. A. Graham-Bermann, A. A. Levendosky (Eds.), How intimate partner violence affects children. Developmental research, case studies and evidence-based intervention (pp. 47–66). Washington: American Psychological Association.

Lieberman, A. F., Pawl, J. H. (1993). Infant-parent-psychotherapy. In C. Zeanah (Ed.), Handbook of infant mental health (pp. 427–442). New York: Guilford Press.

Lieberman, A. F., Silverman, R., Pawl, J. H. (2000). Infant-parent psychotherapy: Core concepts and current approaches. In C. H. Zeanah (Ed.), Handbook of infant mental health (2nd ed., pp. 472–484). New York: Guilford Press.

Lieberman, A. F., Van Horn, P. (2005). Don't hit my mommy! A manual for child-parent psychotherapy with young witnesses of family violence. Washington, DC: Zero to Three Press. (New York: Guilford Press, 2008)

Lieberman, A. F., Van Horn, P. (2015). Psychotherapie mit Babys und Kleinkindern. Frankfurt a. M.: Brandes & Apsel.

Lockot, R. (o. J.). Chronik zur Geschichte der Psychotherapie und zur Psychoanalyse von 1918 bis 1975. http://www.dgpt.de/die-gesellschaft/geschichte-der-dgpt/psychoanalyse-1918-1975/ – Zugriff am 2.7.2016.

Loman, M. M., Gunnar, M. R. (2010). Early experience, stress, and neurobehavioral development center. Neuroscience & Biobehavioral Reviews, 34 (6), 867–76.

Ludwig-Körner, C. (1999). Wiederentdeckt – Psychoanalytikerinnen in Berlin. Gießen: Psychosozial-Verlag.

Ludwig-Körner, C. (2000). Wegbereiter der Kinderanalyse. Die Arbeit in der »Jackson Kinderkrippe« und den »Kriegskinderheimen«. Luzifer-Amor. Zeitschrift zur Geschichte der Psychoanalyse, 25, 78–104.

Ludwig-Körner, C. (2003). Infant-parent-psychotherapy and psychoanalytic treatment: Contradiction or mutual inspiration? International Forum of Psychoanalysis, 12, 252–258.

Ludwig-Körner, C (2008). Eltern-Säuglings-/Kleinkindpsychotherapie – eine notwendige Spezialisierung. Psychotherapeutenjournal, 1, 4–11.

Ludwig-Körner, C. (2013). Möglichkeiten und Grenzen der Eltern-Säuglings-Kleinkind-Psychotherapie. In U. Benz (Hrsg.), Festhaltetherapien. Ein Plädoyer gegen umstrittene Therapieverfahren (S. 49–75). Gießen: Psychosozial-Verlag.

Ludwig-Körner, C. (2014). Frühe Hilfen und Frühförderung. Eine Einführung aus psychoanalytischer Sicht. Stuttgart: Kohlhammer.

Ludwig-Körner, C. (2015). Und wer denkt an das Baby? Überlegungen zur Säuglingsbeobachtung. Psyche – Zeitschrift für Psychoanalyse und ihre Anwendungen, 12, 1162–1184.

Ludwig-Körner, C., Derksen, B., Schöberl, G. (2011). WiEge – Wie Elternschaft gelingt: Passgenaue Anwendung des STEEP™-Programms bei jungen Müttern in belastenden Lebenssituationen und eine mögliche Implementierung in die Jugendhilfe. Kindesmisshandlung und -vernachlässigung, 14 (1), 50–59.

Ludwig-Körner, C., Krauskopf, K., Stegemann, U. (Hrsg.) (2016). Frühe Hilfen – Frühförderung – Inklusion. Gießen: Psychosozial-Verlag.

Lyons-Ruth, K., Bureau, J.-F., Nemoda, Z., Sasvari-Szekely, M. (2011). Qualität der frühen Zuwendung. Trauma und genetische Vulnerabilität als Prädiktor von Merkmalen einer Borderline-Persönlichkeitsstörung. In H. Brisch (Hrsg.), Bindung und frühe Störungen der Entwicklung. (S. 136–167). Stuttgart: Klett-Cotta.

Müller-Braunschweig, H. (Hrsg.) (1975). Die Wirkung der frühen Erfahrung. Das erste Lebensjahr und seine Bedeutung für die psychische Entwicklung. Stuttgart: Ernst Klett.

Murray, L., Arteche, A., Fearon, P., Halligan, S., Goodyer, I., Cooper, P. (2011). Maternal postnatal depression and the development of depression in offspring up to 16 years of age. Journal of the American Academy of Child and Adolescent Psychiatry, 50 (5), 460–470.

Olds, D. L., Eckenrode, J., Henderson, C. R., Kitzman, J. H., Powers, J., Cole, R., Sidora, K., Morris, P., Pettitt, L. M., Luckey, D. (1997). Long-term effects of home visitation on maternal life course and child abuse and neglect: 15-year follow-up of a randomized trial. Journal of the American Medical Association, 278 (8), 637–643.

Papoušek, M., Hofacker, N. von (1998). Persistent crying in early infancy: A non-trivial condition of risk for the developing mother-infant relationship. Child: Care, Health and Development, 24 (5), 395–424.

Papoušek, M., Schieche, M., Wurmser, H. (Hrsg.) (2004). Regulationsstörungen der frühen Kindheit. Frühe Krisen und Hilfen im Entwicklungskontext der Eltern-Kind-Beziehungen. Bern: Huber.

Pawlby, S. M., Clarke, R., Best, E., Weir, D., O'Keane, V. (2005). Mother-infant interaction in postpartum women with severe mental illness, before and after treatment. Archives of Women's Mental Health, 8, 120.

Pedrina, F. (2005). Mütter und Babys in psychischen Krisen. Forschungsstudie zu einer psychotherapeutisch geleiteten Mutter-Säuglingsgruppe am Beispiel postpartaler Depression. Frankfurt a. M.: Brandes & Apsel.

Pedrina, F., Hauser, S. (Hrsg.) (2013). Babys und Kleinkinder. Praxis und Forschung im Dialog. Jahrbuch der Kinder- und Jugendlichen-Psychoanalyse. Frankfurt a. M.: Brandes & Apsel.

Ramchandani, P. G., O'Connor, T. G., Evans, J., Heron, J., Murray, L., Stein, A. (2008). The effects of pre- and postnatal depression in fathers: A natural experiment comparing the effects of exposure to depression on offspring. Journal of Child Psychology and Psychiatry, 49 (10),1069–1078.

Raphael-Leff, J. (1980). Psychotherapy with pregnant women. In P. Blum (Ed.) Psychological aspects of pregnancy, birthing & bonding (174–205), New York: Human Science Press.

Raphael-Leff, J. (1997). Procreative process, placental paradigm and perinatal psychotherapy. Journal American Psychoanalytic Association, Female Psychology 44, (suppl.): 373–399.

Raphael-Leff, J. (2000). Spilt milk: Perinatal loss and breakdown. London: Karnac.

Raphael-Leff, J. (2015). The dark side of the womb. Pregnancy, parenting & persecutory anxieties. Published by Anna Freud Centre.

Reck, C. (2012). Depression und Angststörung im Postpartalzeitraum: Prävalenz, Mutter-Kind-Beziehung und kindliche Entwicklung. In M. Cierpka (Hrsg.), Frühe Kindheit 0–3 Jahre. Beratung und Psychotherapie für Eltern mit Säuglingen und Kleinkindern (S. 301–309). Berlin u. Heidelberg: Springer.

Richter, H.-E. (1962). Eltern, Kind und Neurose. Psychoanalyse der kindlichen Rolle. Reinbek: Rowohlt.

Roth, G., Strüber, N. (2014). Wie das Gehirn die Seele macht. Stuttgart: Klett-Cotta.

Salomonsson, B. (2014). Psychoanalytic therapy with infants and parents: Practice, theory and results. London: Karnac.Schechter, D. (2012). The developmental neuroscience of emotional neglect, its consequences, and the psychosocial interventions that can reserve them. American Journal of Psychiatry, 169, S. 44–54.

Schechter, D. S., Moser, D. A., Reliford, A., McCaw, J. E., Coates, S. W., Blake Turner, J., Rusconi Serpa, S., Willheim, E. (2014). Negative and distorted attributions towards child, self, and primary attachment figure among posttraumatically stressed mothers: What changes with Clinician Assisted Videofeedback Exposure Sessions (CAVES). Child Psychiatry and Human Development, 46 (1), 10–20.

Schechter, D., Rusconi, S. (2011). Applying clinically-relevant developmental neuroscience towards interventions that better target intergenerational transmission of violent trauma. In Signal, World Association for Infant Mental Health, July-September, 9–16.

Schechter, D. S., Willheim, E. (2009). Disturbances of attachment and parental psychopathology in early childhood. Child and Adolescent Psychiatric Clinics of North America. 18 (3), 665–686.

Schneider, S. (2004). Risikofaktoren für die Entwicklung von Angststörungen. In S. Schneider (Hrsg.), Angststörungen bei Kindern und Jugendlichen. Grundlagen und Behandlung. (S. 55–77). Berlin u. a.: Springer.

Seiffge-Krenke, I., Schneider, N. (2012). Familie – nein danke?! Familienglück zwischen neuen Freiheiten und alten Pflichten. Göttingen: Vandenhoeck & Ruprecht.

Seligman, S. (1994). Applying psychoanalysis in an unconventional context. Adapting infant-parent-psychotherapy to a changing population. The Psychoanalytic Study of the Child, 49, 481–500.

Stern, D. (1998, 2. Aufl. 2006). Die Mutterschaftskonstellation. Eine vergleichende Darstellung verschiedener Formen der Mutter-Kind-Psychotherapie. Stuttgart: Klett-Cotta. (engl.: New York: Basic Books, 1995)

Stern, D. N. (2000). Mutter und Kind – die erste Beziehung. Stuttgart: Klett-Cotta. (engl.: Cambridge: Harvard University Press, 1977)

Stern et al./The Boston Change Process Study Group (2012). Veränderungsprozesse. Ein integratives Paradigma. Frankfurt a. M.: Brandes & Apsel. (engl.: New York: W. W. Norton & Company, 2010)

Suess, G. J., Bohlen, U., Carlson, E. A., Spangeler, G., Frumentia Maier, M. (2016). Effectiveness of attachment based STEEP™ intervention in a German high-risk sample. Attachment and Human Development. http://dx.doi.org/10.1080/14616734.2016.1165265

Thyen, U., Tegtmeyer, F. K. (1991). Das Schütteltrauma des Säuglings – eine besondere Form der Kindesmisshandlung. Monatsschrift Kinderheilkunde, 139, 292–296.

Timmer, S. G., Ho, L. K., Urquiza, A. J., Zebell, N. M., Fernandez, Y. G., Boys, D. (2011). The effectiveness of parent-child interaction therapy with depressive mothers: The changing relationship as the agent of individual change. Child Psychiatry and Human Development, 42 (4), 406–423.

Toth, S. L., Rogosch, F. A., Manly, J. T., Cicchetti, D. (2006). The efficacy of toddler-parent psychotherapy to reorganize attachment in the young offspring of mothers with major depressive disorder: A randomized preventive trial. Journal of Consulting and Clinical Psychology, 74 (6), 1006–1016.

Tsokos, M., Guddat, S. (2015). Deutschland misshandelt seine Kinder. München: Knaur.

Van den Bergh, B. R., Marcoen, A. (2004). High antenatal maternal anxiety is related to ADHD symptoms, externalizing problems, and anxiety in 8- and 9-year-olds. Child Development, 75 (4),1085–1097.

Wiesner, R. (2005). Psychotherapie im Kinder- und Jugendhilferecht. Gutachten im Auftrag der Psychotherapeutenkammer Berlin. http://www.pknds.de/fileadmin/user_upload/Dokumente/Rechtliches/Sozialrechtliches/wiesner_gutachten_kjhg.pdf (Zugriff am 2.7.2016).

Widlöcher, D. (1986). Metapsychologie du sens. Paris: PUF.

Winberg Salomonsson, M., Sorjonen, K., Salomonsson, B. (2015). A long-term follow-up study of a randomized controlled trial of mother-infant psychoanalytic treatment: Outcomes on mothers and interactions. Infant Mental Health Journal, 36 (6), 542–555.

Winnicott, D. W. (1960). The theory of the parent-infant relationship. International Journal of Psycho-Analysis, 41:585–595.

Ziegenhain, U., Wijnroks, L., Derksen, B., Dreisörner, R. (1999). Entwicklungspsychologische Beratung bei jugendlichen Müttern und ihren Säuglingen. Chancen früher Förderung der Resilienz. In G. Opp, M. Fingerle, A. Freytag (Hrsg.), Was Kinder stärkt. Erziehung zwischen Risiko und Resilienz (S. 142–165). München: Ernst Reinhardt.

PSYCHODYNAMIK KOMPAKT

Cord Benecke
Psychodynamische Therapien und Verhaltenstherapie im Vergleich: Zentrale Konzepte und Wirkprinzipien
2016. 72 Seiten mit 1 Tab., kart.
ISBN 978-3-525-40568-0
eBook: ISBN 978-3-647-40568-1

Dieser Band gibt einen Überblick über die Unterschiede und Gemeinsamkeiten sowie aus der Forschung ableitbare zentrale Wirkprinzipien.

Jürgen Körner
Psychodynamische Interventionsmethoden
2016. 64 Seiten, kartoniert
ISBN 978-3-525-40561-1
eBook: ISBN 978-3-647-40561-2

Die psychodynamischen Interventionsmethoden werden verfahrensübergreifend und anhand praktischer Beispiele dargestellt. Die Wahl der Methoden richtet sich dabei nach dem Patienten und nicht nach dem Setting.

Gitta Binder-Klinsing
Psychodynamische Supervision
2016. 68 Seiten, kartoniert
ISBN 978-3-525-40558-1
eBook: ISBN 978-3-647-40558-2

Supervision ist zu einer gemeinsamen Suche nach Verständnis- und Verbesserungsmöglichkeiten geworden.

Luise Reddemann
Mitgefühl, Trauma und Achtsamkeit in psychodynamischen Therapien
2016. 64 Seiten, kartoniert
ISBN 978-3-525-40556-7
eBook: ISBN 978-3-647-40556-8

Neben der psychodynamischen Einsicht können gezielte Übungen aus dem spirituellen Bereich von Traumata betroffene Patienten in ihrem Selbsterleben positiv beeinflussen.

Verlagsgruppe Vandenhoeck & Ruprecht | V&R **unipress**

www.v-r.de

PSYCHODYNAMIK KOMPAKT

Kathrin Sevecke / Maya Krischer
Jugendliche Persönlichkeitsstörungen im psychodynamischen Diskurs
2016. 73 Seiten, kartoniert
ISBN 978-3-5254-0559-8
eBook: ISBN 978-3-647-40559-9

Das Buch erläutert anhand einer ausführlichen Kasuistik, wie psychodynamische Interventionen bei Jugendlichen mit einer Borderline-Persönlichkeitsorganisation zum Tragen kommen können.

Gerd Rudolf
Psychotherapeutische Identität
2016. 67 Seiten, kartoniert
ISBN 978-3-525-40572-7

Oftmals sind es verschlungene Wege, die in die psychotherapeutische Ausbildung führen. Welche Motive stehen dahinter? Wie bildet sich die psychotherapeutische Identität heraus?

Stephan Doering
Übertragungsfokussierte Psychotherapie (TFP)
2016. 84 Seiten mit 3 Abb. und 1 Tab. kartoniert
ISBN 978-3-525-40569-7
eBook: ISBN 978-3-647-40569-8

Die Übertragungsfokussierte Psychotherapie ist nachweislich hilfreich für Patienten mit Persönlichkeitsstörungen. Der Band gibt eine kompakte Einführung in diese spezielle psychodynamische Behandlungsform.

Weitere Bände sind in Vorbereitung. Sie finden mehr Informationen und ausführliche Leseproben auf

www.v-r.de

Verlagsgruppe Vandenhoeck & Ruprecht | V&R unipress

www.v-r.de